FAT BURNER

Yvonne Thalheim • Monika Gartner

FAT BURNER

SCHLANK OHNE KAMPF

So kommen Sie ohne Diät ans Ziel
Das Sportprogramm mit Schwung

FALKEN

Im FALKEN Verlag sind zahlreiche Titel zum Thema Schönheit erschienen. Sie sind überall dort erhältlich, wo es Bücher gibt.

Sie finden uns im Internet: **www.falken.de**

Der Text dieses Buches entspricht den Regeln der neuen deutschen Rechtschreibung.

Dieses Buch wurde auf chlorfrei gebleichtem
und säurefreiem Papier gedruckt.

ISBN 3 8068 7498 0

Umschlaggestaltung: Rincón² Design & Produktion GmbH, Köln
Titelbild: report Bilderdienst GmbH, München / G. Klepka
Redaktion: Sabine Weeke, FALKEN Verlag
Redaktionelle Mitarbeit: Simone Harland, Pegestorf
Layout: Horst Bachmann
Herstellung: Peter Beckhaus, Mainz / Harald Kraft

Satz: FALKEN Verlag, Niedernhausen/Ts.
Druck: Appl, Wending

817 2635 4453 6271

Bildnachweis:

Bavaria Bildagentur GmbH & Co. KG, München: Seite 17 oben (Szczepaniak)

FALKEN Archiv, Niedernhausen: Seite 12 (TLC), 16 (TLC), 17 unten (TLC), 29 (TLC), 37 (TLC), 43 (TLC), 46 (Feiler), 48 (TLC), 51 (TLC), 52 Nr. 6 (W. Feiler), 52 Nr. 7 (E. Gerlach), 52/53 Nr. 1 – 5 (TLC), 55 li (TLC), 55 re (G. Kienitz), 56 (M. Brauner), 58 (TLC), 59 li (TLC), 59 re (B. Wegner), 60 (TLC), 61(TLC), 62 (W. Feiler), 63 beide (TLC), 64 (TLC), 66 oben (TLC), 67 (E. Gerlach), 68 (TLC), 69 (BFF), 72 Mitte (M. Brauner), 72 re oben und unten (TLC), 73 alle (TLC), 110 Mitte (W. Feiler),111 Mitte (TLC)

Jump, Hamburg: Seite 11 (Kristiane Vey), 24 re unten/li unten (Kristiane Vey), 32 (Kristiane Vey), 45 (Kristiane Vey), 83 (Kristiane Vey), 84 beide (Kristiane Vey), 91 li (Kristiane Vey), 94 (Kristiane Vey), 96 (Kristiane Vey), 110 li (Kristiane Vey)

report Bilderdienst GmbH, München: Seite 1 (Th. v. Salomon), 2 (M. Leis), 8 (Mancini), 10 (Arbeitman), 13 (G. Klepka), 14 (M. Leis), 20 (J. Steffens), 21 re (H. Hopp), 22 li (M. Leis), 22 unten (A. Hain), 23 (M. Leis), 24 oben (G. Klepka), 25 li (Th. v. Salomon), 25 Mitte (M. Leis), 25 re (G. Klepka), 26 (M. Leis), 27 (P. Pfander), 30 (Cresseaux), 31 (Chr. Meier), 33 (Th. v. Solomon), 34 li (Owen), 34 Mitte und re (G. Klepka), 35 li (Nicolayson), 35 Mitte (P. Pau), 35 re (M. Roberts), 40 (J. Steffens), 42 (J. Steffens), 47 (G. Klepka), 49 (G. Minischetti), 50 (P. Pfander), 54 (R. Betzler), 57 (Tery Lang), 65 (M. Manasterni), 70 (Th. v. Salomon), 71 (Cresseux), 72 li (M. Leis), 74 (G. Klepka), 75 (Th. v. Salomon), 76 (J. Steffens), 78 (M. Leis), 81 (G. Bertram), 82 (O. Rauser), 86 (Harder), 87 (J. Steffens), 88/89 alle (G. Klepka), 90 alle (G. Klepka), 91 re (G. Klepka), 93 (G. Klepka), 95 li (Olonetzky), 95 re (J. Steffens), 97 (M. Leis), 98 (H. Hopp), 99 beide (Tery Lang), 100 (G. Klepka), 101 li (M. Munique), 102 li (Th. v. Salomon), 103 li (M. Leis), 103 Mitte (H. Hopp), 103 re (Tery Lang), 106/107 (R. Betzler), 110 re (G. Minischetti), 111 re (T. Anders)

H.-J. Schwarz, Idstein: Seite 15

The Stock Market, Düsseldorf: Seite 18 (Larry Williams), 38 (Anthony Redpath), 39 (John Welzenbach), 79 (Jon Feingersh), 85 (D. R. Stoecklein), 101 re (C/B Prods), 102 Mitte (Mike Chew), 102 re (Bryan F. Peterson)

Tony Stone Bilderwelten, München: Seite 21 li (David Madison), 28 (Peter Correz), 66 (Chris Everard), 77 (Lori Adamski Peek)

Vorwort

Fit und schlank – ein Traum, der nur unter großen Anstrengungen zu erreichen ist? Keineswegs! Mit dem richtigen „Know-how“ kann jeder zu seiner optimalen Idealfigur fin-den, ohne wirklich hungern zu müssen. Und das ist nicht nur unter medizinischen Gesichtspunkten empfehlenswert: Sich in seinem Körper wohl zu fühlen setzt zusätzliche Energien frei und das wiederum ist eine wichtige Grundlage für Erfolg und Zufriedenheit.

Eine zentrale Rolle beim Abnehmen spielt das Körperfett. Oft ist einfach zu viel davon vorhanden und das sitzt außerdem noch an den falschen Stellen. Hungerkuren kosten nur Kraft, aber sie schmelzen keine Fettdepots. Das Verzwickte an diesen Depots: Auch schlanke Menschen können „zu fett“ sein. Der Eindruck von Schlankheit kann beispielsweise durch Wasser- und Mineralstoffmangel erzielt werden. Das Ergebnis: Man wird dünner, aber auch schlapper.

Dieses Buch zeigt Ihnen, wie Sie die „echten“ Fettdepots abbauen und auch ohne zu hungern schlank bleiben können. Sie sollen essen, aber das Richtige, und sich dabei gezielt bewegen. Ausgewogene Ernährung und das dazu passende Training ist das Geheimnis für erfolgreichen Fettabbau. Wichtig ist, dass Sie Ihr persönliches Gleichgewicht finden und nicht gegen, sondern mit Ihrem Körper arbeiten. Dann werden Sie nicht nur schlank, sondern sich auch rundum wohler und aktiver fühlen.

Monika Gartner

INHALT

BODYCHECK

IST IHR KÖRPER
IM GLEICHGEWICHT?
MUSKELN UND KÖRPERFETT

Fett – ein lebenswichtiger Baustein

Fette haben im Wesentlichen zwei Aufgaben im Körper:

- **Sie liefern lebenswichtige Nährstoffe und speichern Energie.**

Geringe Fettmengen sind notwendig, um die Vitamine A, D, E und K aufnehmen zu können. Außerdem schützen Fette innere Organe vor Stößen und anderen Einflüssen von außen, zum Beispiel findet sich Fett im Bereich der Niere.

Die Alternative zu Sahneeis: Fettarmer Frozen Yoghurt

Auch schlanke Menschen können „zu fett" sein

Viele Menschen haben als Folge von falscher Ernährung und Bewegungsmangel zu viel Fett im Körper. Man muss jedoch nicht übergewichtig sein, um einen zu hohen Körperfettanteil zu besitzen. Entscheidend ist der Unterschied zwischen Quantität und Qualität an vorhandenen Kilogramm Körpergewicht.

Jemand, der viel Körpergewicht mit sich herumträgt, muss nicht unbedingt einen zu hohen Körperfettanteil haben, wenn er genügend Muskelsubstanz besitzt. Umgekehrt kann der Körperfettanteil eines schlanken Menschen durchaus sehr hoch sein, wenn dessen Muskelmasse auf ein Minimum reduziert ist.

Worauf es also ankommt, ist die ausgewogene Verteilung von aktiver und passiver Körpermasse.

Die aktive Körpermasse besteht aus funktioneller, leistungsfähiger Muskulatur. Sie lässt sich auf-, aber auch abbauen. Knochen, Sehnen, Bänder und Haut sowie Organe, Bindegewebe und Fett werden dagegen als passive Körpermasse bezeichnet. Diese lässt sich nur bedingt beeinflussen. Die meisten Bestandteile sind in Bezug auf ihren Anteil an der Körpermasse nicht veränderbar – mit einer Ausnahme: Der Fettanteil kann erhöht, aber natürlich auch reduziert werden. Und genau dieses Fett ist der Anteil, den man verändern kann.

Bei optimalem Körperfettanteil kann man seinem Spiegelbild getrost zulächeln

Wie viel Fett braucht der Körper?

Fette bilden das größte Energiedepot im menschlichen Organismus. Selbst bei extremen Dauerbelastungen kann die im Fettgewebe gespeicherte Energie nicht restlos erschöpft werden. Bei normal ernährten Männern macht das Fettgewebe 15 bis 20 Prozent des Körpergewichtes aus. Bei Frauen liegt der Wert bei etwa 25 Prozent des Körpergewichtes. Der – leider oft viel zu schnell erreichte – höhere Anteil vermehrt keineswegs die Vitalität, sondern bewirkt das Gegenteil: Man wird schlaff und träge.

Zu viel Fett ist ungesund: die Folgen

Wer zu viel Körperfett mit sich herumschleppt, leidet häufiger unter Übergewicht, das so unangenehme Begleiterscheinungen wie überstrapazierte Gelenke, Sehnen und Bänder nach sich zieht. Weniger bekannt ist, dass auch schlanke Menschen mit einem zu hohen Anteil an Fett im Körper ernst zu nehmenden Gesundheitsgefährdungen ausgesetzt sind. Dazu gehören unter anderem Herz- und Kreislauferkrankungen, Bluthochdruck, Arterienverkalkung sowie erhöhte Blutfettwerte und das Risiko, zuckerkrank zu werden. Durch unausgewogene Ernährung führen schlanke Menschen ihrem Körper oft zu wenig Vitamine und andere Nährstoffe zu. Die jedoch benötigt er dringend, um einwandfrei funktionieren zu können. Mit einer Art Notfallprogramm versorgt er deshalb zuerst alle Bereiche, die lebensnotwendigen Funktionen aufrechterhalten. Bleibt danach nichts mehr übrig an Nährstoffen, leidet das Aussehen und die allgemeine Fitness. Selbst die Lebensfreude und die positive Ausstrahlung eines Menschen können beeinträchtigt werden.

Wer sich regelmäßig bewegt, weckt seine somatische Intelligenz: Der Körper sagt, was er braucht

TIPPS FÜR MEHR WOHLBEFINDEN

Verschiedene Symptome deuten darauf hin, dass Ihrem Körper etwas fehlt. Mit gezielten Gegenmaßnahmen können Sie rasch Abhilfe schaffen und Ihr Aussehen und Wohlbefinden erheblich verbessern.

Haare und Nägel

Symptome: trocken, glanzlos, Haarausfall, brüchige Nägel

Was fehlen könnte: Vitamin A, E, K, B-Vitamine, Eisen, Zink, Folsäure, Calcium und Selen

Haut

Symptome: müder, fahler Teint, juckende, raue Haut

Was fehlen könnte: Folsäure, Vitamin A, B-Vitamine, Betacarotine, Kupfer, Eisen und Wasser

Stimmung

Symptome: Reizbarkeit, Niedergeschlagenheit, schlechte Laune

Was fehlen könnte: B-Vitamine, Eisen, Folsäure

Fitness

Symptome: Kraftlosigkeit, schnell aus der Puste geraten

Was fehlen könnte: Aktive Bewegung! Herz-Kreislaufsystem und Muskulatur sind vermutlich nicht im besten Zustand.

Äpfel enthalten vor allem Vitamine der B-Gruppe, die für die Verdauung von Fettstoffen äußerst wichtig sind

Was passiert mit zu viel Fett?

Zunächst muss man sich noch einmal die Funktion der Fettzellen als Energiespeicher klar machen. Ein Speicher, der extrem dehnbar ist, um möglichst viel aufnehmen zu können.

Fettzellen weisen eine für sie typische Besonderheit auf: Ihre Anzahl ist genetisch bedingt, nicht aber ihr Volumen!

Das Fett, das man über die Nahrung zu sich nimmt, wird fast ausschließlich erst im Körper zwischengelagert. Diese Reserven entschieden früher buchstäblich über Leben und Tod. Bis vor etwa 500 Jahren war die Lagerung und Konservierung von Lebensmitteln nur begrenzt möglich. War genügend Nahrung vorhanden, konnten sich die Menschen satt essen und zusätzlich Fettreserven anlegen. Diese Energiespeicher wurden dann lebenswichtig, wenn die Ernte schlecht ausfiel oder der Winter sehr lang und hart war. Damals hatten diese natürlichen Fettspeicher durchaus ihre Berechtigung. Sie waren eine Hilfe im Kampf ums Überleben.

Nicht immer steht das Korn so gut. Bei schlechten Ernten konnte der Körper früher auf seine Fettspeicher zurückgreifen

Vom Einfluss auf unser Aussehen

Unser Organismus ist also darauf programmiert, für Zeiten ohne Nahrung möglichst gut vorzusorgen. Deshalb wird auch bei der Energiegewinnung das Fett erst einmal zugunsten der einfacher abzubauenden Kohlenhydrate verschont. Wenn man also den Trainings- beziehungsweise Bewegungsreiz nicht verändert, bleibt das Fett in den Depots.

Die Anzahl der Fettzellen im menschlichen Körper ist genetisch bedingt – jede einzelne Fettzelle jedoch kann sich um das 900-fache vergrößern. Wer also seine Ernährung nicht darauf einstellt und zu fettreich isst, füllt seine Fettzellen nach und nach immer mehr auf. Und das führt auf Dauer zu Übergewicht: Je größer die Ausdehnung der Fettzellen, desto höher das Übergewicht und desto größer und ausgedehnter der Körperumfang.

Unbehandeltes Getreide enthält wichtige Kohlenhydrate

TIPPS ZUM FETTSPAREN

- *Alkohol:* Kleine Mengen schaden der Gesundheit nicht. Übermäßiger Genuss jedoch bringt nicht nur viele zusätzliche Kalorien – neben anderen negativen Folgen verstärkt er auch die Fettspeicherung im Körper.
- *Zucker und Fett:* Diese Kombination ist besonders ungünstig. Bereits nach einem Stück Sahnetorte werden fetteinbauende Enzyme aktiviert und die Eingänge der Fettzellen für Stunden offen gehalten.

- *Das Wachstumshormon* kann helfen: Es wird in der Nacht aktiv und sorgt für die Erneuerung von Gewebe, Zellen und Muskeln. Die Energie dafür holt es sich aus den Fettzellen. Aber nur, wenn genügend Eiweiß, Vitamin C und B_6 vorhanden ist.
- *Glukagon* wirkt ebenfalls als Fatburner. Es hält unseren Blutzuckerspiegel konstant und verbrennt dabei Fett. Damit das Hormon aus der Bauchspeicheldrüse aktiv bleibt, muss ausreichend Eiweiß in der Nahrung sein.
- *Das Schilddrüsenhormon* hält das Fett in Schach: Die Schilddrüse reguliert den Fettabbau im Körper. Die Produktion der fettfressenden Hormone funktioniert nur mit genügend Jod und Eiweiß aus der Nahrung.

1 Glas (0,25 l) Rotwein täglich ist gesund

Der Body-Mass-Index (BMI)

„Habe ich Über- oder Untergewicht?" – diese Frage beschäftigt viele. Der Body-Mass-Index gibt Ihnen ziemlich genau Auskunft

Um das Normalgewicht zu ermitteln, wurde lange Zeit hauptsächlich die Berechnung nach Broca herangezogen. Hierbei geht man von der einfachen Formel aus:

(Körpergröße in cm) – 100.

Bei sehr kleinen oder sehr großen Menschen erweist sich diese Berechnung allerdings als zu ungenau.

Wie errechnet man den BMI?

Größenunabhängige Aussagen erlaubt der so genannte BMI (Body-Mass-Index), der sich wie folgt berechnet:

$$\text{BMI} = \frac{\textbf{Körpergewicht in kg}}{\textbf{(Körpergröße in m)}^2}.$$

Einfacher können Sie Ihren BMI mit Hilfe der Grafik auf Seite 19 bestimmen.

Werte von 19 bis 24 gelten bei Frauen als wünschenswert. Bei Männern liegt der ideale Wert zwischen 20 und 25. Folglich bedeutet alles, was darunter liegt, Untergewicht; und alles, was darüber liegt, wird als Übergewicht bis hin zu Adipositas, also starkem Übergewicht, gewertet.

Um Ihren BMI berechnen zu können, müssen Sie also auf die Waage steigen und – natürlich – Ihre Körpergröße kennen.

Führen Sie Buch über Ihre Gewichtsveränderungen

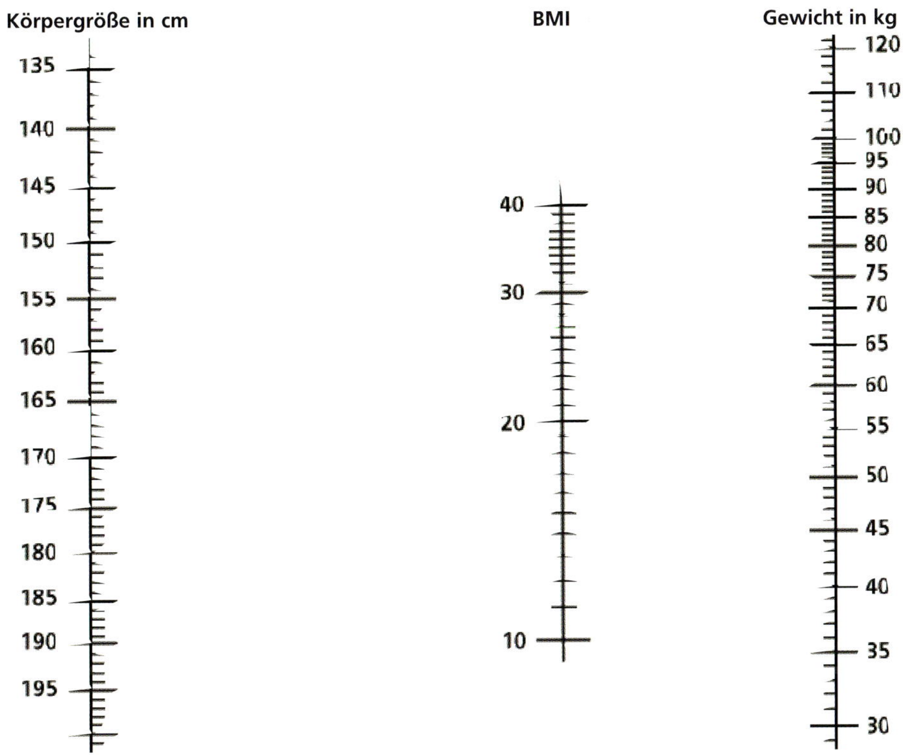

So bestimmen Sie Ihren Body-Mass-Index: Ziehen Sie eine Gerade zwischen Ihrer Körpergröße auf der linken Skala und Ihrem Gewicht auf der rechten Skala. Der Schnittpunkt dieser Linie mit der mittleren Skala zeigt Ihnen Ihren BMI an

Werte unter 18

Sie sind untergewichtig; empfehlenswert ist eine Gewichtszunahme, bei der das Wohlbefinden und die Leistungsfähigkeit verbessert werden.

18 – 25

Sie sind normalgewichtig.

26 – 30

Sie sind leicht übergewichtig und sollten Ihr Gewicht reduzieren, wenn bei Ihnen bereits eine Krankheit vorliegt, z. B. Diabetes, Bluthochdruck, Gicht, Fettstoffwechselstörung.

Über 30

Eine Gewichtsabnahme ist dringend anzuraten.

Die Körperfett-Analyse

Um sich rundum fit zu fühlen, reicht es nicht, sein Gewicht im Normbereich zu halten. Auch die Höhe des Körperfettanteils ist entscheidend.

Sie haben Idealgewicht – das heißt, mal sind es ein paar Kilo mehr oder weniger, aber der Zeiger der Waage bewegt sich meist noch im Normbereich? Super! Wissen Sie jedoch auch, wie sich dieses Gewicht in Ihrem Körper zusammensetzt? Haben Sie beispielsweise reichlich aktive Muskelmasse durch Sport und Bewegung aufzuweisen oder ist aufgrund einer vorwiegend im Sitzen ausgeübten Berufstätigkeit und seltener sportlicher Aktivität kaum aktive Muskulatur vorhanden?

Ein Blick auf die Waage allein genügt nicht

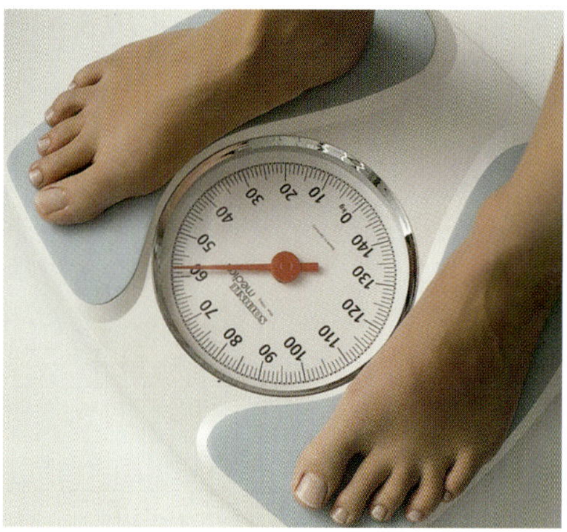

Wie fit sind Sie wirklich? Sie können sich diese Frage im Grunde genommen selbst beantworten. Ein erster Test: Schauen Sie kritisch in den Spiegel. Wirkt Ihr Körper straff und fest? Sieht Ihre Haut gut durchblutet aus? Sind Bauch, Beine und Po für Sie keine Problemzonen?

Den genauen Fettanteil Ihres Gewebes kann Ihr Hausarzt ermitteln. Er besitzt entsprechende Analysegeräte. Mittlerweile ist es außerdem üblich, in Sportstudios den Fettgewebe-Wert feststellen zu lassen. Auch Sie selbst sind in der Lage, Ihren Körperfettanteil zu messen. Im Handel sind zur Zeit zwei empfehlenswerte Arten von Bestimmungsgeräten erhältlich.

Die Fettzange

Sie misst die Dicke der Hautfalten. An verschiedenen genau bezeichneten Stellen wie Taille, Hüfte und Oberarmen wird der Faltenumfang gemessen. An einer Skala kann man anschließend den prozentualen Wert ablesen (siehe Abbildung unten).

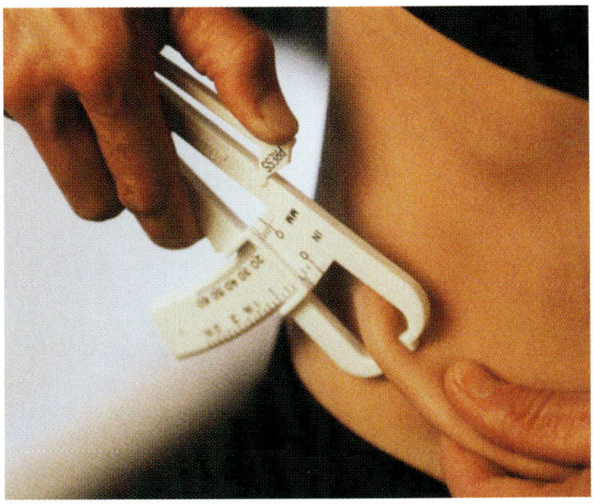

Die Fettwaage

Sie misst den Gewebewiderstand durch elektronische Impulse. Fett hat einen anderen Widerstand als Knochen- oder Muskelsubstanz. Somit kann der prozentuale Fettanteil sehr genau ermittelt werden. Die Fettwaage berechnet außerdem auch den BMI sowie den Wasser- und den Muskelanteil des Körpers.

PROBLEMZONEN – EINFACH LÄSTIG

Eine gute Figur haben – wer möchte das nicht. Hungern allein macht nur schlapp, erst gezieltes Muskeltraining führt zum Erfolg.

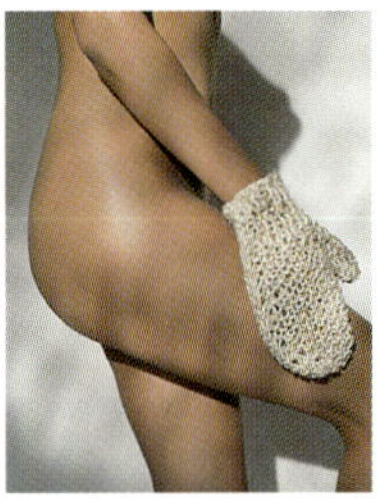

Regelmäßige Massagen mit einem Noppen- oder Fuffahandschuh stärken das Bindegewebe

Täglich drei Liter magnesiumhaltiges Mineralwasser weckt Ihr Entgiftungsorgan, die Nieren

Nicht nur die Anzahl der Fettzellen ist genetisch bedingt, sondern auch ihre Verteilung innerhalb des Körpers. So ist der weibliche Organismus hauptsächlich auf Schwangerschaften ausgerichtet. Damit die Körpermitte für diese Belastung gut vorbereitet ist, sitzen bei Frauen die Fettzellen vermehrt unter der Haut an Bauch, Hüfte und Oberschenkeln. Sehr sinnvoll für werdende Mütter, nur leider außerhalb der Zeit einer Schwangerschaft oft recht problematisch für das gute Aussehen einer Frau.

Um aus dieser naturbedingten Veranlagung keine Problemzonen entstehen zu lassen, kann

man unschönen Rundungen mit gezielter Gymnastik vorbeugen. Ein bewusst angewandtes Muskeltraining verändert sichtbar die Proportionen des Körpers. Die Konturen werden straff und fest, ein trainierter Oberkörper lässt die Taille schmaler wirken und trainierte Oberschenkel und Waden bewirken, dass die Fesseln und Knie schlank erscheinen.

Woher kommt Cellulite?

Wer kennt sie nicht, die unschönen „Dellen", die sich besonders gerne an Bauch, Beinen, Po und Oberarmen bilden? Cellulite ist eine Bindegewebsschwäche, die häufiger bei Frauen als bei Männern zu finden ist. Das weibliche Bindegewebe ist wesentlich ungleichmäßiger strukturiert. Je nach Veranlagung drückt das Unterhautfettgewebe an den Stellen verstärkt gegen die Haut, an denen das Bindegewebe schwächer verteilt ist. Die Folge: Kleine Hügel werden sichtbar.

Was kann man dagegen tun? Ihr Bindegewebe können Sie nicht verändern. Was Sie jedoch durchaus beeinflussen können, ist Ihr Gehalt an Körperfett. Wird dieses reduziert, verringert sich das Unterhautfettgewebe und die Dellen werden gemildert oder verschwinden sogar ganz.

Wickelanwendungen mit speziellen Wirkstoffcremes erhöhen die Durchblutung. Die Haut wird rosig.

STRAFFE

1 ***Ein flacher Bauch***
Sie liegen auf dem Rücken, die Unterschenkel sind so auf einen Stuhl oder Hocker aufgelegt, dass Ihre Beine jeweils einen rechten Winkel bilden. Ziehen Sie nun die Fußspitzen in Richtung Schienbein, legen den Kopf in die Hände (die Ellbogen zeigen dabei nach außen) und drücken den unteren Rücken fest gegen den Boden. Kopf und Schultern vom Boden anheben, den Oberkörper langsam nach oben ziehen und wieder absenken. Wiederholen Sie die Übung sooft wie möglich, ohne den Oberkörper ganz abzulegen. Achten Sie darauf, dass Ihr unterer Rücken fest auf dem Boden bleibt und halten Sie den Kopf gerade. Am besten fixieren Sie mit den Augen einen Punkt an der Decke.

2 ***Schlanke Beine***
Sie liegen auf der Seite, der Kopf ruht auf dem ausgestreckten Arm, die Beine sind gestreckt und das Becken ist leicht nach vorn gekippt. Ziehen Sie die Fußspitzen in Richtung Schienbein und halten Sie Ihre Kniegelenke locker. Heben Sie das oben liegende Bein langsam nach oben an und senken Sie es wieder ab, ohne das Bein völlig abzulegen. Machen Sie so viele Wiederholungen wie möglich. Dann wechseln Sie die Seite und wiederholen die Übung mit dem anderen Bein möglichst ebenso häufig.

2

1

3

Konturen

3 ***Knackiger Po***
Sie sind im Kniestand, auf die Unterarme abgestützt, Ihre Beine befinden sich jeweils im rechten Winkel und die Füße sind auf die Fußspitzen gestellt. Halten Sie den Nacken gerade und spannen Sie den Bauch an. Heben Sie dann das rechte Knie vom Boden ab und drücken Sie das gebeugte Bein langsam nach oben, bis Ihr Oberschenkel die Verlängerung Ihres Rückens bildet. Langsam wieder absenken, ohne das Knie am Boden aufzusetzen. Achten Sie darauf, dass Ihr Becken gerade bleibt und wiederholen Sie die Übung sooft wie möglich. Anschließend dieselben Trainingsschritte mit dem linken Bein durchführen.

4a

4 ***Wohlgeformte Oberarme***
Stehen Sie aufrecht, Ihre Füße hüftbreit auseinander, das Becken ist aufgerichtet und der Rücken gerade. Nehmen Sie kleine Hanteln oder als Alternative zwei mit Wasser gefüllte Plastikflaschen. Wiederholen Sie die folgenden Übungen sooft wie möglich.

a) Für den Bizeps halten Sie Ihre Arme dicht am Oberkörper und drehen die Hanteln nach vorne. Dann die Unterarme langsam nach oben anwinkeln und wieder absenken. Halten Sie dabei die Handgelenke gerade und die Ellbogengelenke locker.
Achtung: Die Schultern während dieser Übung nicht hochziehen.

b) Für den Trizeps halten Sie Ihre Arme dicht am Oberkörper und drehen die Hanteln nach hinten. Dann die gestreckten Arme langsam nach hinten wegdrücken und wieder absenken. Da-bei die Handgelenke gerade halten und die Ellbogengelenke locker lassen. Wichtig: Die Schultern während dieser Übung nicht hochziehen.

4b

DER STOFF-WECHSEL

KOHLENHYDRATE, EIWEISS UND FETT
ENERGIESPEICHER FETT
ABBAU DURCH VERBRENNEN

Der Kohlenhydrat-Stoffwechsel

Energie aus der Nahrung wird durch den Kohlenhydratstoffwechsel in für den Körper verwertbare Energie umgewandelt.

Der Stoffwechsel ist, vereinfacht ausgedrückt, die Summe aller Vorgänge, die nötig sind, um die aufgenommene Nahrung zu verwerten. Nur über die Nahrungsaufnahme kann der menschliche Organismus Energie gewinnen, die er zur Lebenserhaltung braucht. Ein Grundpfeiler der Energieversorgung ist dabei der Kohlenhydratstoffwechsel.

Alle dem Körper zugeführten Kohlenhydrate, mit Ausnahme der Ballaststoffe, werden zu Glucose (Traubenzucker) abgebaut. In der Leber, der Muskulatur und sehr gering auch in der Blutbahn können sie als so genanntes Glykogendepot gespeichert werden. Die Kohlenhydrate liefern schnelle Energie und werden bei entsprechendem Bedarf – hauptsächlich bei Bewegung – aufgebraucht. Über die erneute Nahrungsaufnahme wird das Glykogendepot rasch wieder aufgefüllt.

Der Haken bei der Sache: Sobald mehr Kohlenhydrate zugeführt werden, als der Speicher aufnehmen kann, werden sie umgewandelt, um langfristig gelagert zu werden. Wo? Natürlich in den Fettdepots!

Diesen Weg gehen übrigens auch alle Süßigkeiten, zuckerhaltigen Getränke und Weißmehlprodukte. Sie „schießen“ förmlich ins Blut, lassen den Blutzucker explosionsartig ansteigen und werden als „Zuviel“ sofort in Fett umgewandelt.

Obst statt Zucker – auch für Kinder eine gute Alternative zu Süßigkeiten

Verzichten Sie auf Sahne und Tortenguss: Obsttorte kann auch mit Magerquark und etwas Honig gut schmecken

Die Kohlenhydrate und wie der Körper sie verbraucht

Cola ist als Durstlöscher zwar beliebt, Mineralwasser aber weitaus gesünder

Kohlenhydrate bestehen aus Kohlenstoff, Wasserstoff und Sauerstoff. Bei den Nahrungsmitteln sind sie in Form von Stärke und Zuckermolekülen vorhanden, die entweder einfach vorliegen oder zu unterschiedlich langen Ketten verbunden sind. Einfachzucker (Süßigkeiten, zuckerhaltige Getränke und Weißmehlprodukte) geht sofort ins Blut über und lässt den Blutzuckerspiegel extrem ansteigen. Wird diese Energie nicht sofort verwertet, zum Beispiel durch einen 100-Meter-Lauf auf Zeit, muss der Blutzuckerspiegel normalisiert werden. Dazu wird durch die Insulinausschüttung der Bauchspeicheldrüse der überschüssige Zucker in Fett umgewandelt und sofort in den Depots gelagert. Der Sättigungsgehalt von Einfachzucker ist sehr gering, er macht eher hungrig und man isst automatisch mehr. Da Einfachzucker sofort als Fett gespeichert wird, kann er nur über den Fettstoffwechsel wieder verbraucht werden.

Mittel- und langkettige Kohlenhydrate dagegen, wie Vollkornprodukte und Gemüse, werden langsamer verdaut, weil sie nicht sofort ins Blut übergehen. Dadurch decken sie den Energiebedarf gleichmäßig über einen langen Zeitraum ab. Diese Nahrungsmittel wirken sättigend, der Blutzuckerspiegel bleibt konstant und sie stehen dem Körper als Energie zur Verfügung.

Ein Vergleich: Wenn Sie beispielsweise mittags 0,5 Liter Coca-Cola trinken und nachmittags eine Stunde Tennis spielen, ist der Energiegehalt (also die Kalorien) längst in den Fettdepots und kann trotz der zusätzlichen Bewegung nicht mehr verwertet werden. Trinken Sie dagegen 0,5 Liter Mineralwasser mit Obstsaft gemischt, sind die Kalorien dieser langkettigen Kohlenhydrate als verfügbare Energie im Glykogenspeicher und können durch den Sport verbrannt werden. Mit den Fettdepots kommen Sie gar nicht erst in Berührung.

TIPPS FÜR DIE ZWISCHEN-MAHLZEIT

- *Heißhunger auf Süßes?* Das kann daran liegen, dass der Blutzuckerspiegel absinkt. Greifen Sie in diesem Fall zu Obst. Der darin enthaltene Fruchtzucker lässt den Blutzuckerspiegel wieder ansteigen und die Lust auf Süßes verschwindet.
- *Müsliriegel* enthalten wertvolle Nährstoffe und weniger Fett als Schokoriegel. Süß schmecken sie trotzdem durch Zutaten wie Früchte oder Honig.
- *Viel Flüssigkeit* ist wichtig. Wem Mineralwasser pur zu langweilig ist, der mischt es mit Obst- oder Gemüsesäften. Das schmeckt und hat weniger Kalorien als Limonade.

Trinken Sie Obstsäfte möglichst frisch zubereitet, damit Sie in den vollen Genuss der Vitamine kommen

Der Fettstoff-wechsel

Er ist der zweite Eckpfeiler der Energieversorgung im Körper und vor allem nötig, um Energie für „schlechte Zeiten" zu speichern.

Im Unterschied zum Kohlenhydratstoffwechsel, der sozusagen wie Superbenzin für schnelle Energie wirkt, tritt der Fettstoffwechsel wie Dieselkraftstoff auf. Er liefert Energie nur bis zu einer mittleren Intensität und das auch erst ab einer gewissen Zeitspanne. Dafür jedoch stellt der Fettstoffwechsel die benötigte Energie außerordentlich lange zur Verfügung. Kohlenhydrate können – wie bereits erwähnt – nur begrenzt gespeichert werden. Fett hingegen kann nahezu unbegrenzt in die Depots wandern. Je mehr man davon speichert, umso „fetter" wird man – und umso mehr nimmt man auf Dauer auch an Gewicht zu.

Inline-Skaten ist ein guter Ausgleich zu sitzenden Tätigkeiten. Es trainiert Beine und Po – und macht daneben noch viel Spaß

Verbrennen Sie das Fett ...

Die Verbrennung von Fett als Energiequelle geht – verglichen mit dem Verbrauch von Kohlenhydraten – jedoch nur sehr langsam vor sich und funktioniert nur bei einer mittleren Belastung. Fette können ausschließlich aerob, also mit Sauerstoff, verarbeitet werden.

... und wandeln Sie es um in Energie

Etwa 90 Prozent des Fetts, das mit der Nahrung aufgenommen wird, landet als Energiespeicher in den Fettzellen. Als Energieträger wird es aber erst zuletzt herangezogen, nach den Kohlenhydraten und dem Eiweiß. Das bedeutet, Fett wird zwar ständig verbraucht, jedoch geschieht das nur in sehr geringen Mengen. Damit Fett vermehrt in Energie umgewandelt werden kann, muss die Belastung moderat bleiben und vor allem über eine gewisse Dauer erfolgen. Durchschnittlich setzt der Fettabbau bei mittlerer Belastung erst nach circa 30 Minuten vermehrt ein. Je höher die Intensität und je kürzer die Belastung, desto weniger Fett verbrauchen Sie.

Fazit: Wer kurzzeitig sehr intensiv trainiert, verbraucht zwar mehr Kalorien, leert aber nur die Kohlenhydratspeicher, während die Fettdepots weitestgehend verschont bleiben. Um Körperfett zu verbrauchen ist es also wenig hilfreich, wenn Sie sich einmal pro Woche 30 Minuten lang völlig auspowern. Egal, welches Training Sie bevorzugen, es sollte mindestens 40 bis 60 Minuten dauern. Die Intensität der Belastung sollte so sein, dass Sie sich währenddessen noch unterhalten können, ohne nach Luft zu ringen.

Fit auch unterwegs: der Expander passt in jeden Koffer

BEWEGUNG FÜR

Bewahren Sie Haltung, indem Sie Ihre Einkäufe immer gleichmäßig auf zwei Taschen verteilen. Das schont Ihren Rücken und kräftigt gleichzeitig Ihre Rumpfmuskulatur.

Steigen Sie aufs Fahrrad, wann immer es sich anbietet. Da kommt Schwung in die Beine und den Kreislauf. Mit einem Rucksack für Besorgungen können Sie kleine Einkäufe auch mit einem Sportrad erledigen.

Ein ausgiebiger Spaziergang täglich mit Ihrem Hund versorgt Sie mit viel Sauerstoff und Bewegung. Gehen Sie also nicht nur kurz um den Block, sondern jeden Tag bei Wind und Wetter mindestens eine Stunde lang in flottem Tempo spazieren. Ihr Vierbeiner wird sich freuen.

Spielen Sie mit Ihrem Hund. Werfen Sie nicht einfach nur Stöckchen und warten darauf, dass es apportiert wird. Laufen Sie mit Ihrem Vierbeiner um die Wette.

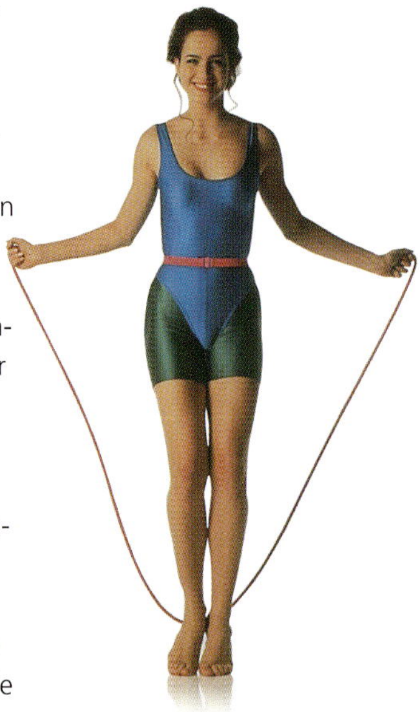

Seilspringen – nur fünf Minuten pro Tag – bringt Ihr Herz-Kreislauf-System in Schwung und schult die Koordination. Es ist nicht aufwendig, Sie benötigen weder besondere Kleidung noch besonders viel Platz, um zu trainieren. Integrieren Sie diese fünf Minuten in Ihren Tagesablauf, am besten beginnen Sie immer zur gleichen Zeit.

Ein Mini-Trampolin kräftigt den gesamten Körper und macht Spaß. Diese Geräte sind im Sportfachhandel erhältlich und benötigen relativ wenig Platz. Nur fünf Minuten Training täglich genügen. Am besten immer zur gleichen Zeit „springen“, dann wird es leichter zum festen Bestandteil des Alltags.

ZWISCHENDURCH

Urlaub am Meer ist wunderbar. Liegen Sie aber nicht den ganzen Tag auf der faulen Haut, sondern spielen Sie Beach-Volleyball oder Frisbee. Ein hoher Lichtschutzfaktor schützt Ihre Haut und Sie bräunen mit Bewegung gleichmäßiger. Das leckere Buffet am Abend haben Sie sich dann verdient.

Hula-Hoop-Reifen waren die Renner Ende der Fünfziger Jahre. Auch heute noch sind sie in Sportgeschäften erhältlich. Durch die kreisende Bewegung der Hüften bleibt Ihre Wirbelsäule beweglich und Taille und Hüften werden schön schlank. Man braucht allerdings ein wenig Übung, um den Reifen in Schwung zu halten. Täglich fünf Minuten genügen.

Stadtrundfahrten im Urlaub sollten Sie links liegen lassen. Erkunden Sie die Umgebung lieber zu Fuß oder mit einem gemieteten Fahrrad. Meist bekommt man auf diese Weise viele interessante Dinge zu sehen, die man aus dem klimatisierten Bus heraus nicht wahrgenommen hätte.

Ein Tag am Strand lässt sich gut für kleine Fitnessübungen nutzen. Schwimmen Sie zügig ein paar Runden im Wasser oder spielen Sie Wasserball. Dabei kräftigen Sie vor allem Ihre Beinmuskulatur und erhalten gratis eine Bindegewebsmassage durch den Wasserdruck. Achten Sie aber auch hier auf einen ausreichenden Lichtschutzfaktor, denn das Wasser reflektiert die Sonneneinstrahlung.

Energie – so wird sie verbraucht

Auch wenn man es nicht bewusst wahrnimmt: Unser Organismus benötigt ständig Energie, selbst im Schlaf.

Um alle lebensnotwendigen Funktionen aufrechtzuerhalten, verbraucht unser Körper Energie. Zum Beispiel für die Atmung, die Tätigkeit von Gehirn, Herz und Kreislauf oder für die Wärmeregulierung. Diese Energie wird dem Organismus durch Nahrung zugeführt. Genetisch bedingt verarbeiten Menschen die Nahrung sehr unterschiedlich. Wer als „guter Nahrungsverwerter“ gilt, braucht wesentlich weniger Energie, um zum Beispiel den Körper warm zu halten. Die Schilddrüsenfunktion ist meist eingeschränkt und die überschüssige Energie wird in den Fettdepots gespeichert. Gute Nahrungsverwerter nehmen zu ihrem Leidwesen viel zu rasch zu. Die „schlechten Nahrungsverwerter“ haben den Vorteil, dass sie wenig von der aufgenommenen Nahrung zurückbehalten, also speichern. Sie brauchen bereits mehr Energie, um ihre Körpertemperatur zu halten und die Produktion der Schilddrüsenhormone ist oft leicht erhöht.

Das erklärt das Phänomen, warum einige Menschen nach Herzenslust schlemmen können und dennoch beneidenswert schlank bleiben, während andere bereits beim Anblick von leckerem Essen an Gewicht zunehmen. Die genetische Veranlagung zum „guten“ Nahrungsverwerter kann am besten durch regelmäßige Bewegung und Sport ausgeglichen werden. Stark reduzierte Nahrungsaufnahme, also strenge Diät, wäre auf jeden Fall die falsche Methode. Der Energieverbrauch würde dadurch noch mehr sinken und der gute Nahrungsverwerter würde damit seine Nahrung nur noch besser anlegen.

Treffen Sie die richtige Auswahl: Gute Kohlenhydrate liefern nicht nur Energie, sondern machen aufgrund ihrer Nährstoffe auch noch schön

Erhöhen Sie Ihren Energiebedarf

Wer schlank sein und sich dabei fit fühlen möchte, sollte nicht nur auf die zugeführte Nahrungsenergie achten, sondern auch darauf, was der Körper mit ihr macht: Es gibt zwei unterschiedliche Arten des Energiebedarfs – den Grundumsatz sowie den Arbeits- und Leistungsumsatz. Der Grundumsatz ist die Menge an Energie, die benötigt wird, um alle lebenswichtigen Funktionen des Körpers in völliger Ruhe aufrechtzuerhalten. Jetzt könnte man denken, dass dieser Grundumsatz bei jedem Menschen identisch sein müsste. Weit gefehlt, denn auch die Muskulatur verbraucht im Ruhezustand Energie – und je kräftiger die Muskeln sind, desto mehr Energie benötigen sie. Alles, was über diesen Grundumsatz hinaus an Energie vom Körper angefordert wird, ist der Arbeits- und Leistungsumsatz. Dieser ist bekanntermaßen sehr unterschiedlich und hängt von der körperlichen Aktivität eines Menschen ab.

Immer schön im Rhythmus bleiben: Tanzen ist ein hervorragender Ausgleichssport, der den ganzen Körper fordert

Beide Arten des Energiebedarfs sind eng miteinander verbunden: Da bei jeder Bewegung die Muskulatur eine tragende Rolle spielt, wird diese zwangsläufig gekräftigt. Dadurch wiederum erhöht sich auch der Grundumsatz. Selbst im Schlaf verbraucht der Körper dann mehr Energie.

Wichtig: Ausschlaggebend für diesen Effekt ist Regelmäßigkeit. Einmaliges Treppensteigen beispielsweise bringt keine Erhöhung des Energiebedarfs. Sie müssen den Aufzug schon ständig ignorieren, um Ihre Muskulatur nachhaltig zu kräftigen.

Beach-Volleyball: ein Trendsport, der durch das Abstoßen im Sand ganz schön in die Beine geht

TIPPS FÜR DEN ALLTAG

- *Lassen Sie den Lift links liegen.* Treppensteigen kräftigt Beine und Po und auch den Kreislauf.
- *Bewegungspausen* bringen den Kreislauf wieder in Schwung, wenn Sie eine Weile sitzen mussten. Wippen Sie im Stehen im Wechsel auf den Fußspitzen und Fersen. Das kräftigt die Beinvenen und die Wadenmuskulatur (siehe Abbildung).
- *Bügeln* Sie im Stehen und spannen Sie dabei die Bauch- und Pomuskeln für 10 bis 15 Sekunden so fest wie möglich an. Zwischendurch lockern und Beine ausschütteln. Das kräftigt Bauch und Po.
- *Dinge aufheben* sollten Sie grundsätzlich, indem Sie in die Kniebeuge gehen. Verlagern Sie dabei Ihr Gewicht auf die Fersen und drücken Sie sich mit der Kraft Ihrer Beine wieder hoch. Gut für Beine, Po und Rücken.

Die Venenpumpe sorgt für schöne Waden

Muskeln und Sauerstoff – Die aerobe Schwelle

Alle Muskeln des Körpers brauchen für ihre Arbeit Sauerstoff. Wenn sie überlastet werden, reagieren sie „sauer" und wir bekommen den so genannten Muskelkater.

Sportler wissen es: Die Intensität einer Bewegung muss stimmen, sonst wird es schmerzhaft. Ist eine Übung so anstrengend, dass über die Atmung nicht mehr genügend Sauerstoff aufgenommen werden kann, gerät auch die Sauerstoffzufuhr in die Muskelzelle aus dem Gleichgewicht. Die Kohlenhydrate werden nur unvollständig abgebaut und es bleibt als Rest Laktat (Milchsäure) übrig. Bis zu einem Wert von 2 mmol (Millimol) Laktat pro Liter Blut wird die Glucose aerob, das heißt mit Sauerstoff, abgebaut. Diesen Wert nennt man auch die aerobe Schwelle. Oberhalb dieser Schwelle steigt der Laktatspiegel bei gleicher Belastung weiter an, der Muskel „übersäuert" und ein Training muss abgebrochen werden.

Zu viel Milchsäure?

Stellen Sie sich vor, Sie möchten zehn Stockwerke zu Fuß nach oben laufen. Wenn Sie die ersten zwei Etagen in rasantem Tempo zurücklegen, werden Sie bei der dritten oder vierten Etage bereits nach Luft ringen. Sie haben ein Sauerstoffdefizit und merken es daran, dass Sie Ihr Tempo nicht mehr lange halten können. Ihre Muskulatur braucht mehr Sauerstoff (um die entstandene Milchsäure abzubauen), als Sie einatmen können. Drosseln Sie Ihre Geschwindigkeit erheblich, können Sie während der nächsten ein bis zwei Etagen Ihre Atmung wieder normalisieren (der Milchsäurespiegel bleibt) und mit dem wesentlich geringeren Tempo bis zum zehnten Stockwerk gelangen.

Versuchten Sie dagegen Ihr hohes Tempo beizubehalten, würde das Sauerstoffdefizit (und damit die Milchsäure) drastisch ansteigen und Sie hätten in Kürze Atemnot und heftiges Herzklopfen. In der fünften Etage wäre vermutlich Schluss und Sie müssten erst einmal eine Pause einlegen, um Atmung und Kreislauf wieder zu stabilisieren. Zu viel Milchsäure zwingt Sie also zum Aufgeben. Die Muskulatur braucht dann eine wesentlich längere Erholungsphase, denn die Milchsäure muss wieder völlig abgebaut werden.

Fazit: Wenn Sie versuchen, die zehn Stockwerke in Rekordzeit hochzulaufen, scheitern Sie spätestens in der fünften Etage und benutzen anschließend für ein paar Tage freiwillig keine Treppe mehr – wegen Erschöpfung und Muskelschmerzen. Gehen Sie dagegen zügig Stockwerk für Stockwerk nach oben, ohne völlig aus der Puste zu geraten, brauchen Sie so gut wie keine Erholungsphase. Sie könnten die zehn Etagen am selben Tag noch einmal bewältigen.

Das bedeutet: Egal, welches Training Sie absolvieren, die Intensität muss immer stimmen.

BEWEGUNG JA – ABER RICHTIG

Das Geheimrezept lautet: Steigern Sie die Dauer der Belastung, um den Fettverbrauch Ihres Körpers anzukurbeln. Aber powern Sie sich dabei nicht völlig aus.

Kohlenhydrate und Fette, die zwei Eckpfeiler der Energieversorgung, stehen dem Körper also zur Verfügung. Die Kohlenhydrate bestreiten den Hauptanteil der Versorgung. Sie sind zwar nur begrenzt zu speichern, aber das Depot lässt sich durch Nahrungszufuhr sehr schnell wieder auffüllen. Sind Ihre Glykogenspeicher leer und Sie brauchen weiterhin schnelle Energie, zum Beispiel um Squash zu spielen, sinkt der Blutzuckerspiegel ab, Sie spüren den so genannten „Unterzucker" und werden müde. Entweder müssen Sie dann die Belastung abbrechen oder über die Nahrung schnelle Energie nachliefern. Optimal hierfür wäre Obst, das lange vorhalten würde und kein Fett enthält. Nicht so gesund, aber durchaus wirkungsvoll wäre in diesem Fall auch ein Schokoriegel.

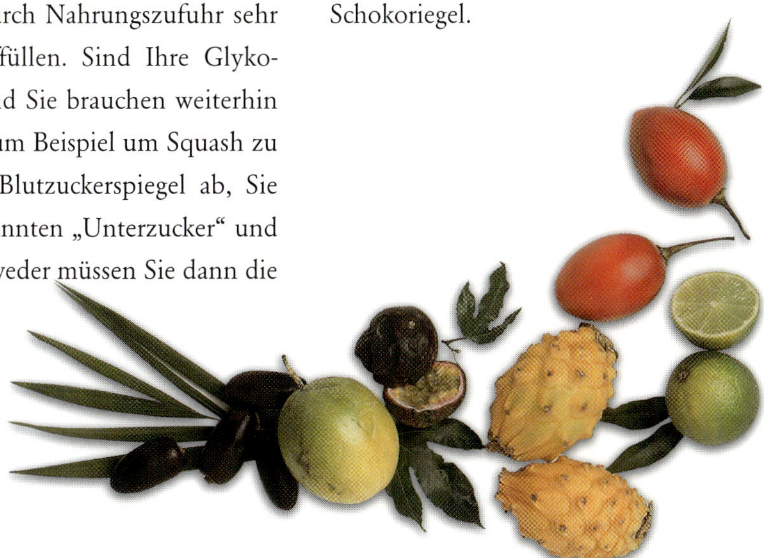

Trinken Sie vor dem Sport den Saft einer frisch gepressten Zitrone mit Mineralwasser. Das Fruchtfleisch erhöht die Wirkung von Vitamin C und die Energie wird vermehrt aus Fettsäure gewonnen

Länger dauernde Belastungen

Den weitaus geringeren Anteil an der Energieversorgung trägt der Fettstoffwechsel. Dennoch: Obwohl Kohlenhydrate vom Körper einfacher zur Energiegewinnung abgebaut werden können, muss der Organismus bei längeren Belastungen auch auf seine Fettreserven zurückgreifen. Sofern die Sauerstoffversorgung ausreichend ist, also die Belastungsintensität moderat bleibt und die Dauer der Belastung ansteigt, beginnen die Muskelzellen, einen gewissen Anteil der benötigten Energie aus dem fast unerschöpflich großen Speicher Depotfett zu decken. Gut zu erkennen ist dies bei allen Ausdauersportlern. Marathonläufer oder Rennradfahrer haben meist einen sehr niedrigen Körperfettanteil. Sichtbar wird das durch die häufig sehr schlanke, aber dennoch muskulöse Erscheinung.

Oder denken Sie an Zugvögel: Sie sind kontinuierlich über Wochen unterwegs, um von Nordeuropa nach Afrika zu gelangen. Diese enorme Strecke bewältigen sie nur mit der Energie aus ihren Fettreserven.

Fazit: Je länger die Belastung andauert, desto mehr Fett verbrauchen Sie.

Aktivieren Sie Ihren Fettstoffwechsel

Der Fettstoffwechsel braucht im Gegensatz zum Kohlenhydratstoffwechsel unbedingt Sauerstoff, um zu funktionieren. Zudem muss eine Belastung lange genug andauern, damit er zur Energieversorgung herangezogen wird. Optimal dafür ist Ausdauertraining. Wer regelmäßig ein derartiges Training absolviert, aktiviert den Fettstoffwechsel. Das bedeutet, die Energiegewinnung aus den Fettsäuren setzt bereits früher ein. Bei extremen Ausdauersportlern, wie zum Beispiel Ultraläufern, steht Fett in winzigen Tröpfchen innerhalb der Muskelzelle zur Verfügung und wird bereits bei Beginn der Belastung zur Energiegewinnung herangezogen. Der Körper kann schneller auf seinen Energiespeicher Fett zurückgreifen.

Aller Anfang ist schwer, aber selbst der weiteste Weg beginnt mit dem ersten Schritt. Wer sich langsam an eine Ausdauerbelastung gewöhnt, ohne sich zu überfordern, wird mehr und mehr Freude dabei empfinden. Das Hochgefühl danach, wenn man sich angenehm erschöpft, aber nicht völlig ausgepowert fühlt, bringt die Vorfreude auf die nächste Trainingseinheit.

60 Minuten auf dem Stepper vergehen wie im Flug, wenn Sie dabei zum Beispiel ein spannendes Buch lesen

WEG MIT DEM FETT

DIE AUSGEWOGENE ERNÄHRUNG
MEHR GENUSS
WENIGER FETT AUF DEN TELLER

Pro und Kontra Diät

Diäten, um Körpergewicht zu verlieren, gibt es viele. Was bewirken sie und kann man mit ihnen überhaupt dauerhaft abnehmen?

Bei Diäten muss man grundsätzlich zwei Arten unterscheiden: Es gibt solche, die eine ausgewogene Ernährung empfehlen, bei leichter Einschränkung der Kalorienzufuhr. Sie enthalten alle Nährstoffe, die der Körper braucht, in ausreichender Menge, um keine Mangelerscheinungen oder gar Gesundheitsschäden zu riskieren. Derartige Diäten versprechen eine langsame, aber sinnvolle Gewichtsreduktion. Doch wer will schon langsam abnehmen? Schließlich gibt es auch Kartoffel-, Ananas- oder Eierdiäten, die sieben Kilo Gewichtsverlust in sieben Tagen versprechen. Dabei werden dem Körper in der Regel wichtige Nährstoffe vorenthalten, was sich letztlich negativ auf die Gesundheit, das Aussehen und die Gemütslage auswirkt. Durch die drastische Einschränkung der Kalorienzufuhr verlieren Sie zwar relativ schnell an Gewicht, doch der Gewichtsverlust besteht ausschließlich aus überschüssigem Wasser und aktiver Muskulatur. Die Fettreserven jedoch bleiben verschont. Sie wiegen jetzt zwar weniger, aber Fett haben Sie kaum verloren. Und genau das wollten Sie doch loswerden.

Bleiben Sie kritisch gegenüber Wunderdiäten: Sie helfen nur kurzfristig

Der gefürchtete Jo-Jo-Effekt

Ihr Körper hat in der Zwischenzeit ebenfalls auf die künstlich herbeigeführte Hungersnot reagiert. Er hat den Stoffwechsel verlangsamt, den Energiebedarf gesenkt und braucht jetzt viel weniger Kalorien als vorher. Sobald Sie wieder normal essen, nehmen Sie nun bei gleicher Nahrungsmenge zu statt ab. Nach etwa fünf Tagen normaler Ernährung werden Sie Ihr ursprüngliches Gewicht wieder erreicht haben. Allerdings haben sich nun Ihre Energiebilanz und Ihre Körperzusammensetzung verschlechtert. Die wertvolle Muskelsubstanz, die Sie hauptsächlich durch die Diät verloren haben, wird bei gleicher Lebensweise nicht wieder aufgebaut. Im Gegenteil – Ihr Energiebedarf hat sich dadurch auf Dauer gesenkt, selbst wenn sich Ihr Stoffwechsel nach und nach wieder normalisiert. Je öfter solche Diäten durchgeführt werden und je kürzer die Abstände dazwischen sind, umso schwerer wird es, überhaupt Gewicht zu verlieren.

Wer sinnvoll abnehmen will, muss bewusst das Körperfett reduzieren und das klappt nur mit einer ausreichenden und ausgewogenen Ernährung. Ebenso wichtig ist zusätzliche Bewegung, also Sport in jeder Form.

Machen Sie es den Italienern nach: Zu jedem Kaffee ein Glas Wasser, das hebt die Dehydration wieder auf

TIPPS FÜR DAS ABNEHMEN

- *Fett abbauende Substanzen* sind enthalten in: Obst, Gemüse, Salat, Rohkost, Vollkorn- und Sojaprodukten, Naturreis, mageren Milch-, Fleisch- und Geflügelprodukten, Fisch und Schalentieren. Greifen Sie zu!
- *Verlangsamter Fettabbau* erfolgt bei: Weißmehlprodukten, Zucker und Süßigkeiten, fetten Fleisch- und Wurstwaren, zuckerhaltigen Getränken. Halten Sie sich zurück!
- *Kleine Mahlzeiten* über den Tag verteilt verhindern Hungerattacken und unkontrolliertes Essen.
- *Figurbetonte Kleidung* als Belohnung macht Ihre Erfolge auch für andere sichtbar. Und es macht Spaß, sich attraktiv zu fühlen.

DIE OPTIMALE FETTVERBRENNUNG

Die ausgewogene Ernährung – oft genug wird sie angepriesen. Doch wie sieht sie wirklich aus? Ein paar Richtlinien helfen, sich im Nahrungsmitteldschungel zurechtzufinden.

Um reibungslos funktionieren zu können, benötigt der Körper eine Vielzahl von Nährstoffen und diese in jeweils bestimmten Mindestmengen. Erhält der Körper auf Dauer zu wenig dieser Nährstoffe, leidet die Gesundheit und das Aussehen. Die Zusammensetzung der Nahrung sollte nach der Deutschen Gesellschaft für Ernährung wie folgt aussehen:

- ***60 bis 65 Prozent Kohlenhydrate***
- ***20 bis 25 Prozent Fette***
- ***ca. 15 Prozent Eiweiß/Proteine***

Sehr häufig ist das Verhältnis von Kohlenhydraten zu Fetten umgekehrt. Das bedeutet: Es wird viel zu fett gegessen!

Die Gründe hierfür sind bekannt: Kaum jemand hat Zeit, bewusst und in Ruhe seine Mahlzeiten einzunehmen. Auf die Kantine oder Restaurants angewiesen, verspeist man täglich jede Menge verstecktes Fett. Meist achtet man auch nicht darauf, was man sich so alles in den Mund schiebt. Könnten Sie aus dem Stegreif alle Lebensmittel aufzählen, die Sie heute gegessen haben?

Qualitätsunterschiede beachten

Ausgewogene Ernährung bedeutet aber nicht nur, auf die richtige Menge zu achten. Die Lebensmittel unterscheiden sich auch hinsichtlich ihrer Qualität. Man kann sie nach der Nährstoffdichte beurteilen. Diese sagt aus, wie viele Vitamine, Mineralstoffe und Spurenelemente pro Kalorie aufgenommen werden. Es kommt also auch darauf an, sich möglichst von Lebensmitteln zu ernähren, die eine hohe Nährstoffdichte aufweisen.

Sie sollten jetzt nicht grundsätzlich jedem Glas Wein entsagen oder auf jedes Stück Schokolade verzichten. Wichtig ist, dass Sie diese Lebensmittel nur in Maßen genießen und Ihre Ernährung bewusst und möglichst nährstoffreich zusammensetzen. Das übergroße Angebot im Supermarkt erschwert allerdings leicht den Blick für die richtige Wahl. Es wird einfacher, wenn man die Lebensmittel in sieben Hauptgruppen einteilt, den so genannten Ernäh-rungskreis.

Der Ernährungskreis

■ ***Gruppe 1: Getreide, Getreideprodukte und Kartoffeln***

Je weniger das Getreide bearbeitet wird, desto nährstoffreicher ist es. Bevorzugen Sie daher Vollkornprodukte.

■ ***Gruppe 2: Gemüse und Hülsenfrüchte***

Frisch sind sie natürlich besonders nährstoffreich. Aber auch als Tiefkühlkost stecken noch jede Menge Vitamine in ihnen.

■ ***Gruppe 3: Obst***

Frisches Obst ist ein hervorragender Nährstofflieferant. Getrocknet, kandiert oder in Konserven hat Obst jedoch die meisten Nährstoffe eingebüßt und ist mit viel wertlosem Zucker angereichert.

Übrigens: Auch Nüsse zählen zu dieser Kategorie. Wegen des hohen Fettgehalts sollten sie aber nur in Maßen verzehrt werden.

■ ***Gruppe 4: Getränke***

Mineralwasser, ungesüßte Früchte- und Kräutertees sowie Obstsäfte sind am wertvollsten. Trinken Sie mindestens zwei Liter täglich. Vorsicht bei zuckerreichen Getränken wie Limonade oder Alkohol.

■ ***Gruppe 5: Milch und Milchprodukte***

Geben Sie jeweils der fettarmen Variante den Vorzug.

■ ***Gruppe 6: Fisch, Fleisch und Eier***

Wegen der versteckten Fette und des vorwiegend tierischen Eiweißes sollten diese Nahrungsmittel nur in Maßen verzehrt werden.

■ ***Gruppe 7: Fette und Öle***

Hiervon sollten Sie möglichst wenig verzehren. Bevorzugen Sie pflanzliche Produkte, denn diese enthalten wertvolle Fettsäuren.

ALS RICHTLINIE GILT:

■ Bei Gruppe 1 bis 5 können Sie nach Herzenslust zugreifen. Diese Lebensmittel gehören täglich auf den Teller.

■ Bei Gruppe 6 und 7 ist Zurückhaltung angesagt. Vor allem Fleisch und Eier sollten höchstens dreimal pro Woche – sparsam – verzehrt werden

TIPPS FÜR MEHR GENUSS

- *Ein schön gedeckter Tisch* macht Ihre Mahlzeit gleichzeitig zur Entspannungspause.
- *Langsam und gründlich kauen* ist auch bei kleineren Mahlzeiten zwischendurch wichtig. Das Sättigungsgefühl setzt erst nach einer kleinen Zeitspanne ein. Durch gründliches Kauen essen Sie kleinere Portionen.
- *Nie hungrig einkaufen gehen.* Ein knurrender Magen sorgt garantiert dafür, dass zu viele oder die falschen Lebensmittel im Einkaufswagen landen.

Halten Sie sich an Ihre Einkaufsliste. Dann vergessen Sie nichts und sind auch nicht so leicht zu verführen

NUDELN, BROT & CO.

Kohlenhydrate sind die bevorzugte Energiequelle des Körpers. Deshalb sollten Sie mit 60 Prozent auch den größten Anteil der Ernährung ausmachen.

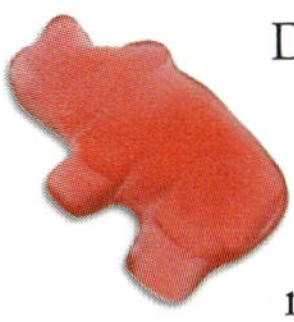

Tatsächlich jedoch liegt der Verzehr im Durchschnitt nur bei etwa 40 Prozent. Als Ausgleich wird leider oft entsprechend mehr Fett konsumiert. Dabei sind kohlenhydratreiche Lebensmittel unverzichtbare Vitamin-, Mineralstoff- und Ballaststoff-Lieferanten. Sie sind die am besten verwertbare Energiequelle für Muskel-, Nerven- und Gehirnzellen. Mit einem Wort: Sie sind das Superbenzin für unseren Körper.

Kohlenhydrate stecken in vielen Nahrungsmitteln: in Getreide, Kartoffeln, Gemüse und Obst. Aber auch in Zucker, Weißmehl und allen Zubereitungsformen dieser Grundstoffe. Also auch in Gummibärchen, Toastbrot, Keksen und Schokolade.

Vollkornbrot enthält wichtige Kohlenhydrate

Wenn schon naschen, dann Gummibärchen. Die gibt es als Bio-Variante aus Fruchtsaft

„Gute" und „schlechte" Kohlenhydrate

Es gibt einen entscheidenden Unterschied in der Qualität der Kohlenhydrate. Betrachtet man die Nährstoffdichte, also die Menge an Vitaminen, Mineralstoffen und Spurenelementen pro aufgenommener Kalorie, wird deutlich, warum man diese Unterteilung vornimmt. Alle Kohlenhydrate, die zusätzlich eine hohe Nährstoffdichte aufweisen, sind so genannte „gute" Kohlenhydrate

Die besten Quellen hierfür sind:

- Obst
- Gemüse
- Vollkornbrot
- Kartoffeln
- Vollkornnudeln
- Vollkornreis
- Salate

Diese Nahrungsmittel liefern Kohlenhydrate und zudem viele Nährstoffe. Außerdem wirken sie sättigend.

Rohkost ist ein idealer Snack für zwischendurch

Die „schlechten“ Kohlenhydrate hingegen haben eine sehr geringe Nährstoffdichte. Sie finden sich in:

- Zucker und allen Süßigkeiten
- allen Weißmehlprodukten
- poliertem Reis

Diese Nahrungsmittel enthalten, wie zum Beispiel auch Alkohol, so genannte „leere“ Kalorien. Diese werden sofort als Langzeitenergie gespeichert und gelangen somit in die Fettdepots. Besonders alle Süßigkeiten, wie Schokolade oder Kuchen, enthalten zusätzlich noch jede Menge Fett, das natürlich ebenfalls in den Fettzellen landet. Anders ist das bei Fruchtzucker (Fructose), der in Obst enthalten ist. Fructose gelangt nicht so schnell ins Blut und er wird langsamer vom Stoffwechsel umgesetzt, weil in Obst auch Vitamine, Ballaststoffe und Stärke enthalten sind. Um das Verhältnis von Kohlenhydraten zu Fetten in der Ernährung zu korrigieren, sollte die Kohlenhydratzufuhr natürlich hauptsächlich durch so genannte „gute“ Kohlenhydrate erhöht werden. Essen Sie also täglich ausreichend Vollkornprodukte, Gemüse und Obst. Wenn Sie an Vollkornkost nicht gewöhnt sind, kann es anfangs zu Blähungen kommen. Das reguliert sich aber schnell. Wichtig ist, dass Sie Vollkornprodukte gut kauen und viel dazu trinken.

Folienkartoffel mit Kräuter-Magerquark. Gesund, lecker und macht satt

TIPPS FÜR DIE RICHTIGE AUSWAHL

- *Bei Vollkornbrot* sollten Sie zugreifen. Es regt die Verdauung an und ist wertvoller in der Zusammensetzung als Baguette.
- *Naturreis* zählt zu den guten Kohlenhydraten und schmeckt. Wenn Sie es nicht schon längst getan haben: Steigen Sie um und sparen Sie mit poliertem Reis.
- *Obst* deckt auf hervorragende Weise den Bedarf an Zucker und je nach Sorte sättigt es auch ein wenig. Der Sättigungswert von Süßigkeiten wie Schokolade oder Kuchen ist dagegen gering. Außerdem wird der in ihnen enthaltene Zucker im Körper in Fett umgewandelt.

Essen Sie täglich mindestens fünf Stücke Obst

BUTTER, OLIVENÖL & CO.

Hier geht es um das Fett aus der Nahrung. Mit durchschnittlich 20 Prozent sollte es nur einen geringen Anteil der täglichen Ernährungszusammensetzung ausmachen.

Fett wird unter anderem dazu benötigt, um die fettlöslichen Vitamine A, D, E und K in den Blutkreislauf zu befördern. Auch Linolsäure, die der Körper für die Erhaltung der Blutgefäße braucht, kann nur über Nahrungsfett aufgenommen werden.

Fett ist nicht gleich Fett

Ähnlich wie bei den Kohlenhydraten gibt es auch in der Qualität von Fett enorme Unterschiede. Zum einen gibt es tierisches Fett, das hauptsächlich aus gesättigten Fettsäuren besteht und überwiegend in Fleisch- und Wurstwaren sowie fettreichen Molkereiprodukten enthalten ist. Gesättigte Fettsäuren müssen nicht gezielt zugeführt werden, der Körper kann sie selbst bilden. Zum anderen gibt es pflanzliches Fett, das vorwiegend aus ungesättigten und mehrfach ungesättigten Fettsäuren besteht. Es ist enthalten in allen Pflanzenölen. Kaltgepresste Öle sind besonders hochwertig.

Für den Organismus wichtig sind alle ungesättigten oder mehrfach ungesättigten Fettsäuren, denn der Körper kann sie nicht selbst bilden. In der Nahrungszufuhr richtig kombiniert senken sie die schädlichen Blutfettwerte (LDL-Cholesterin).

Der gelegentliche Genuss von Kräuterbutter ist trotzdem erlaubt

Schränken Sie die Fettzufuhr ein

Die empfohlenen 20 Prozent Fett der täglichen Nahrungsaufnahme entsprechen etwa einer Nahrungsmittelmenge von 50 Gramm. Das ist ungefähr ein Esslöffel hochwertiges Speiseöl und würde völlig ausreichen. Besonders wertvolle und gleichzeitig vielfältig einsetzbare Öle sind:

- Olivenöl
- Sonnenblumenöl
- Kürbiskernöl
- Walnussöl
- Distelöl
- Maiskeimöl
- Hanföl
- Weizenkeimöl
- Borretschöl
- Nachtkerzenöl

Der Durchschnittsbürger verzehrt aber ungefähr die doppelte Menge an Fett jeden Tag. Es ist ein hervorragender Geschmacksträger und in vielen Lebensmitteln enthalten. Tierische Produkte wie Fleisch, Wurst, Käse, Milch, aber auch Suppen, Saucen, Fertiggerichte und natürlich Kuchen und Schokolade enthalten oft große Mengen an Fett.

Wenn Sie eine Zunahme von Körperfett vermeiden möchten, sollten Sie den täglichen Bedarf hauptsächlich aus Pflanzenölen decken und versuchen, andere Fette weitgehend aus der Ernährung auszuschließen.

Hochwertige Pflanzenöle regen den Stoffwechsel an, pflegen Magen und Darm und stärken Gefäße und Gelenke

TIPPS FÜR DEN SPARSAMEN UMGANG MIT FETT

- Bevorzugen Sie grundsätzlich *fettarme Produkte*, bei Fleisch- und Wurstwaren alternativ Geflügel.
- *Bei Geflügel* sitzt das meiste Fett unter der Haut. Stechen Sie beim Zubereiten viele kleine Löcher in die Haut, dann kann das Fett abtropfen. Noch fettfreier ist die Zubereitung ohne Haut.
- *Fertiggerichte und Fertigsaucen* sollten Sie möglichst meiden. Bei diesen Speisen wird Fett als Geschmacksverstärker verwendet.
- Vorsichtig sein sollten Sie auch bei *„Light"- oder „Diät"-Produkten*. Diese Begriffe sind nicht geschützt. Sehr häufig sind die entsprechenden Produkte durch Süßstoffe zwar kalorienreduziert, der Fettgehalt ist jedoch unverändert hoch.
- *Kaltgepresste Pflanzenöle* enthalten ungesättigte Fettsäuren und sind deshalb gesünder als tierische Fette. Außerdem sind sie naturbelassen und besitzen viele Vitamine.
- *Beschichtetes Kochgeschirr* eignet sich hervorragend, um Lebensmittel ohne Zugabe von Fett zu garen und zu braten.
- *Suppen und Saucen* können Sie entfetten, indem Sie mit Küchenpapier das Fett von der Oberfläche abziehen.

Stellen Sie Ihre Nahrung langfristig auf fettarme Vollwertkost um

Eier, Fleisch & Co.

Proteine, also Eiweißstoffe, gelten als Bausteine des Körpers, da sie Bestandteil aller Zellen sind.

Steakfleisch enthält neben Eiweiß auch Fett und Purine, die den Harnsäurespiegel erhöhen

Eiweiß bildet Gewebe wie Haut, Nägel, Haare und Muskeln. Der Träger der Erbinformationen, die DNS, ist ebenfalls aus Eiweißen zusammengesetzt. Eiweiß selbst besteht aus 20 Aminosäuren. Zwölf davon kann der Körper selbst bilden, die restlichen müssen mit der Nahrung aufgenommen werden. Es ist sowohl in tierischen als auch in pflanzlichen Produkten enthalten.

Fehlt Eiweiß im Körper, sinkt die geistige und körperliche Leistungsfähigkeit und die Abwehrkräfte schwinden. Für die Muskulatur sind Eiweißstoffe besonders wichtig. Ohne Proteine kann keine Muskelsubstanz aufgebaut werden. 50 Gramm Eiweiß pro Tag ist die Min-

Ob pur, geräuchert oder mit Kräutern – Tofu ist eine gesunde, fettarme Bereicherung für den Speiseplan

destmenge, um die vorhandene Muskelsubstanz zu erhalten. Nimmt man weniger zu sich, holt sich der Körper das fehlende Eiweiß aus der Muskulatur, um es für wichtigere Funktionen einzusetzen. Die Muskeln werden schlapp und damit wiederum sinkt der Energiebedarf.

Pflanzlich oder tierisch?

Tierisches Eiweiß enthält mehr lebensnotwendige Aminosäuren als pflanzliches. Dieses Eiweiß findet sich in Fleisch, Wurst, Geflügel, Fisch, Milch- und Milchprodukten und Eiern. Pflanzliches Eiweiß dagegen hat einen höheren biologischen Wert. Ideale pflanzliche Eiweißquellen sind Sojaerzeugnisse, Kartoffeln, Hülsenfrüchte, Reis und Getreide. Die optimale Versorgung erzielt man in der Kombination von einem Drittel tierischem und zwei Dritteln pflanzlichem Eiweiß.

Rohe Eier sollten wegen der Salmonellengefahr grundsätzlich gemieden werden

VITAMINE UND MINERALSTOFFE

Viele Vorgänge im Körper können ohne Vitamine und Mineralstoffe nicht stattfinden. Dazu gehört zum Beispiel die Abwehr von Infektionen.

Die Vitamine sind in zwei Kategorien eingeteilt – die fettlöslichen Vitamine A, D, E, und K und die wasserlöslichen der B-Gruppe sowie Vitamin C. Zu den wichtigsten Mineralstoffen zählen Calcium, Kalium, Magnesium, Natrium, Jod, Schwefel, Phosphor, Eisen, Kupfer, Zink und Silicium. Weder Vitamine, noch Mineralstoffe kann der Körper selbst herstellen, sie müssen mit der Nahrung aufgenommen werden. Einen erhöhten Bedarf haben Schwangere, Raucherinnen, Leistungssportlerinnen sowie unter Stress stehende Frauen.

Mängel zeigen sich schnell

Blitzdiäten, einseitige oder falsche Ernährung (Süßigkeiten, Fastfood, Fertigessen) können zu einer Unterversorgung führen. Als Folgen kann es unter anderem zu mangelnder Abwehr von Krankheiten sowie zu Abgeschlagenheit, Hautentzündungen und Sehschwäche, aber auch zu Stoffwechselstörungen, Muskelschwäche und Zahnausfall kommen. Eine längere Vitamin- und Mineralstoff-Unterversorgung spürt man schnell, denn Vitalität und Aussehen leiden gewaltig.

Dabei ist es einfach, den Bedarf an diesen Nährstoffen zu decken, denn sie sind in fast allen Lebensmitteln enthalten. Die besten Vitamin- und Mineralstoffquellen sind: Fleisch, Fisch, jede Art von frischem Gemüse, frisches Obst, Milch- und Milchprodukte, Eier, Hülsenfrüchte, Vollkornprodukte, Butter, Margarine und Pflanzenöl.

Aktiv in den Tag. Ausreichend Schlaf und ein gesundes Frühstück versorgen Sie mit der nötigen Energie

Hülsenfrüchte sind wichtige Lieferanten von Magnesium

Auf die Zubereitung achten

Um die Vitamine und Mineralstoffe der Lebensmittel zu erhalten, müssen Sie einiges beachten. Vitamine sind bei der Lagerung und Nahrungsmittelzubereitung empfindlich gegenüber Luft, Licht, Wärme und teilweise auch gegenüber Wasser. Grundsätzlich gilt: Je frischer und naturbelassener das Lebensmittel, desto gehaltvoller ist es auch. Gemüse, Kräuter und Obst sollte man deswegen ausschließlich kühl, trocken und dunkel aufbewahren, aber nie lange lagern. Außerdem ist es sinnvoll, frische Lebensmittel nur einmal, und zwar direkt vor dem Verzehr, kurz und sorgfältig zu waschen.

Obst und Gemüse verderben schneller, wenn sie bereits gewaschen gelagert werden

Einige Vitamine und Mineralstoffe sind besonders aktiv an der Fettverbrennung beteiligt:

- ***Vitamin C*** gehört zu den besten Nährstoffen zum Aufspalten von Fett. Es sorgt für die Produktion von Noradrenalin, einem Stresshormon. Dieses Hormon bewirkt, dass Stress positiv empfunden und dabei besonders viel Fett in Energie umgewandelt wird. Je weniger Vitamin C im Körper enthalten ist, desto geringer ist die Produktion von fettabbauenden Hormonen. Besonders gute Vitamin C-Lieferanten sind ***saure Früchte wie Zitronen, Grapefruits, Kiwis, Sauerkirschen, Stachelbeeren und schwarze Johannisbeeren.***

■ Der Mineralstoff ***Magnesium*** wird für den Abbau von Fett verstärkt benötigt. Er sorgt dafür, dass der Stoffwechsel möglichst schnell angekurbelt wird. Magnesium ist enthalten in ***Hülsenfrüchten*** und vor allem in allen ***Vollkornprodukten.***

■ ***Cholin*** gehört zur Gruppe der B-Vitamine. Als Bestandteil der Schutzhülle aller Nerven- und Gehirnzellen verhindert es ein Verkleben dieser Zellen und bewirkt, dass fettfressende Hormone ungehindert in die Fettzellen gelangen können. Cholin ist reichlich enthalten in ***Leber, Fleisch, Eigelb, Milch, Blumenkohl und vor allem in Sojaprodukten.***

■ Darüber hinaus sorgt Cholin für die Freisetzung von ***Carnitin.*** Das ist ein Biostoff, der Fett in die Brennkammern der Zellen transportiert, wo es in Energie umgewandelt werden kann. Unterstützt wird Carnitin dabei von den Vitaminen C und Cholin, die verhindern, dass sich zu viel Fett im Blut ansammelt. Carnitin kann vom Körper nur in sehr geringen Mengen selbst gebildet werden. Es ist daher wichtig, diesen Biostoff mit der Ernährung zusätzlich zuzuführen. Carnitin findet man vor allem in ***Fleisch- und Milchprodukten, in Geflügel, Schinken, Lamm und Käse.***

Bieten Sie Ihrem Körper ausreichend Hormon-Bausubstanz an: Eiweiß und Spurenelemente

BALLASTSTOFFE

Ballaststoffe sind unverdauliche Nahrungsbestandteile, die in kohlenhydratreichen Lebensmitteln enthalten sind.

Ballaststoffe müssen länger gekaut werden. Dadurch setzt das Sättigungsgefühl schneller ein, man isst weniger

Der Verzehr von Ballaststoffen ist stark zurückgegangen, während die Zufuhr von Fett, Zucker und tierischem Eiweiß zugenommen

hat. Diese Änderung der Ernährung führt bei gleichzeitigem Mangel an körperlicher Aktivität zu Übergewicht und begünstigt die Entstehung von Stoffwechselerkrankungen. Dabei haben Ballaststoffe viele Vorteile – vor allem, wenn man abnehmen möchte:

- Sie regen den Stoffwechsel und damit die Verdauung an.
- Sie nehmen Flüssigkeit und damit auch schädliche Stoffe im Dickdarm auf, die dann ausgeschieden werden.
- Sie umhüllen Nährstoffe und schützen sie.
- Sie regen die Zahnfleischdurchblutung an, weil sie länger gekaut werden müssen.
- Sie wirken sich günstig auf den Cholesterinspiegel aus.
- Und sie haben keine Kalorien!
- Außerdem verlangsamen sie die Entleerung des Magens, man fühlt sich also länger satt.

Ballaststoffe sind enthalten in unbehandeltem Getreide und Vollkornprodukten, aber auch in Obst, Gemüse und Hülsenfrüchten.

Getreidekörner, die vor dem Mahlen weder geschält noch entkeimt werden, behalten Vitamine, Mineralstoffe und Ballaststoffe. Ein Grund mehr, zu Vollkornbrot zu greifen

Länger satt durch Ballaststoffe

Diese Faserstoffe sind das ideale „Futter", um den Blutzuckerspiegel konstant zu halten. Nach einer ballaststoffreichen Mahlzeit steigt der Blutzuckerspiegel gleichmäßig und langsam an, was die körperliche und geistige Leistungsfähigkeit garantiert. Wenn Ihr Blutzucker stabil bleibt, werden Sie von plötzlichen Hungerattacken verschont und die Lust auf Süßes bleibt aus. Noch ein Vorteil der Ballaststoffe: Je länger Sie die Nahrung kauen müssen, desto schneller setzt das Sättigungsgefühl ein. Ballaststoffe verweilen auch längere Zeit im Magen und machen so länger satt.

ZUSATZPRODUKTE KONTRA FETT

Tabletten als Fat-Burner sind im wahrsten Sinne des Wortes mit Vorsicht zu genießen. Längst nicht alle ihre Inhaltsstoffe sind unbedenklich.

Es gibt unzählige Schlankheitspillen, Appetitzügler und Entwässerungsdragees. Ähnlich wie Crash-Diäten versprechen sie einen raschen Verlust an Körpergewicht. Doch Vorsicht: Einige dieser Präparate können bei längerer Einnahme gesundheitsschädlich sein oder abhängig machen. Sie bremsen in der Regel zwar den Hunger, können aber gleichzeitig Angstzustände, Unruhe, Reizbarkeit, Erhöhung des Blutdrucks und der Herzfrequenz sowie Gliederzittern verursachen. Fragen Sie daher auf jeden Fall Ihren Hausarzt, bevor Sie mit einer Einnahme beginnen.

Carnitinhaltige Produkte

Mittlerweile gibt es eine Reihe von carnitinhaltigen Produkten auf dem Markt, die als ***Fat-Burner*** bezeichnet werden. Carnitin ermöglicht die Verwertung von Fettsäuren bei der körpereigenen Energiegewinnung.

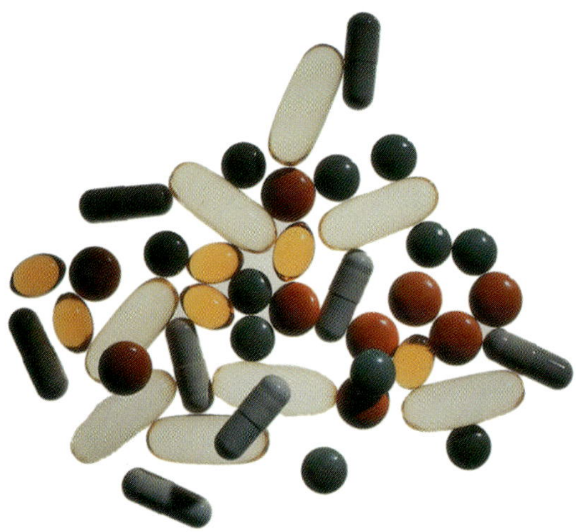

Schlankheitspräparate in allen Formen und Farben: Nicht alle sind unbedenklich

Wer diese Produkte einnehmen möchte, muss jedoch wissen, dass sie ihre Wirkung ausschließlich bei körperlicher Aktivität im Fettstoffwechselbereich – also bei gleichzeitigem Ausdauersport – entfalten. Präparate mit Zusatz von Carnitin sollen während des Trainings den Fettsäuretransport zur Muskelzelle erhöhen, um dadurch vermehrt Fettsäuren zur Energiegewinnung zu nutzen.

Weißkraut- und Krabbenschalenextrakt

Präparate mit Weißkraut- oder Krabbenschalenextrakt sollen die Deponierung von Fett verhindern, indem das Fett aus der Nahrung ummantelt wird. Damit wird es vom Organismus nicht mehr erkannt und ausgeschieden.

Den Arzt befragen

Wie bereits erwähnt: Fragen Sie Ihren Hausarzt, wenn Sie zu einem dieser Produkte greifen möchten. Er kann Ihnen Genaueres zum aktuellen Forschungsstand sagen. Auf keinen Fall jedoch sollten Sie ausschließlich auf die Wirkung von Tabletten vertrauen, wenn Sie schlank und fit werden möchten. Den Langzeiterfolg bringt letztlich nur eine gesunde Lebensweise.

Ob auf Asphalt oder dem Spin-Bike: In der richtigen Pulsfrequenz bringt Rad fahren das Fett zum Schmelzen

Gesund und

■ ***Frühstück:*** Vollkornmüsli mit frischem Obst und Magerjoghurt.
Oder: Eine dicke Scheibe Vollkornbrot mit Magerquark bestreichen, mit frischen Früchten belegen und mit etwas Honig beträufeln.

■ ***Mittagessen:***Vollkornnudeln mit Tomaten--Kräutersauce.
Oder: Eine dicke Scheibe Vollkornbrot mit Putenbrust, Avocado in Scheiben und frischer Paprika belegen. Mit Mango--Chutney würzen.

■ ***Snack:*** Ein Glas Buttermilch.
Oder: Power-Drink aus pürierten Kiwis mit Möhrensaft und einem Telöffel Honig gemischt.

AUSGEWOGEN

■ ***Snack:*** Eine Banane. oder: Mozarella und Radieschen in Scheiben schneiden, mit Petersilie und Pfeffer würzen.

■ ***Abendessen:*** Forellenfilet mit Salat und Salzkartoffeln. Oder: Salbeikartoffeln mit Hähnchenfilet.

■ ***Snack:*** Ein Rohkost-Teller. Oder: Eine Tomate achteln, dazu eine Ecke Camembert.

FIT DURCH BEWEGUNG

DAS GEZIELTE TRAINING AUSDAUER UND MUSKELPOWER

AEROBES AUSDAUERTRAINING

Aerobes Ausdauertraining ist die beste Methode, um Körperfett zu reduzieren. Sie werden dadurch fit und rundum attraktiver.

Unter „aerob“ versteht man: mit Sauerstoff. Es muss also über die Atmung jederzeit genügend Sauerstoff zugeführt werden. Und das wiederum kann nur funktionieren, wenn die Intensität der Belastung konstant niedrig ist.

Step by Step: Schön langsam, aber lange andauernd die Fettverbrennung anregen

„Ausdauer“ steht für die gleich bleibende Belastung über einen längeren Zeitraum hinweg. Der dritte Faktor ist die Intensität. Sie können zum Beispiel zwei Stunden lang Radfahren und damit Ihre Ausdauer trainieren. Wenn Sie jedoch abwechselnd schnell und langsam radeln, ist die Intensität der Belastung nicht gleich bleibend. Auch wenn Sie zwischendurch einen Hügel zügig hinauffahren, ändert sich die Intensität. Damit bleibt das Radfahren zwar Ausdauertraining, ist aber eben kein „aerobes“ Ausdauertraining mehr. Hierfür muss die Intensität der Belastung über den gesamten Zeitraum genau gleich bleiben, und zwar niedrig.

Die Dauer ist entscheidend

Es gibt viele Möglichkeiten, die aerobe Ausdauer zu trainieren, um den Fettstoffwechsel zu aktivieren. Da der Körper gespeichertes

Fett nur ungern wieder hergibt, ist zuerst eine kleine Hürde zu nehmen: Erst ab einer Dauer von 20 bis 30 Minuten (je nach Ihrem Trainingszustand) beginnt der Körper vermehrt Fettsäuren zur Energiegewinnung heranzuziehen. Das heißt, während der ersten 20 bis 30 Minuten werden noch hauptsächlich Kohlenhydrate verbraucht. Dann aber, vorausgesetzt die Intensität bleibt gleich, wird verstärkt Fett verbrannt. Je länger Sie die Aktivität durchführen, umso mehr Fett können Sie verbrauchen.

Mit Abwechslung trainieren

Da die Dauer der Belastung lange, mindestens aber 40 bis 60 Minuten andauern sollte, ist es wichtig, dass Sie abwechslungsreich trainieren. Es macht mehr Spaß und beansprucht zudem unterschiedliche Muskelgruppen.

Als zusätzliche Motivation ist das Training in der Gruppe empfehlenswert. Low-Impact- oder Step-Aerobic machen allein ausgeführt wenig Freude. In der Gruppe jedoch ist es viel leichter, sich auf die verschiedenen Schrittfolgen zu konzentrieren, die Anstrengung scheint kaum spürbar und außerdem vergeht die Zeit wie im Flug.

TIPPS FÜR DRAUSSEN

- *Inline-Skaten* ist zu Recht seit einigen Jahren zum Trendsport aufgestiegen. Es macht nicht nur Spaß, auf den acht Rollen zu gleiten, sondern es verbessert auch die Ausdauer und Fitness auf gelenkschonende Weise. Wichtig: Tragen Sie immer Schutzkleidung!

- *Ski-Langlauf* gehört zu den effektivsten Ausdauersportarten. Das Herz-Kreislaufsystem wird trainiert, die gesamte Körpermuskulatur gekräftigt und die Koordination geschult. Außerdem schont Ski-Langlauf die Gelenke. Wann immer sich Ihnen die Gelegenheit dazu bietet, sollten Sie deshalb „auf die Loipe“ gehen.

1998 wurden zwei Millionen Paar Skates allein in Deutschland verkauft

Achten Sie auf Ihren Pulsschlag!

Die Pulsfrequenz ist der beste Gradmesser für die Intensität einer Belastung. An ihr lässt sich genau feststellen, ob das Training niedrig, mittel oder intensiv ist.

Je trainierter Sie sind, umso niedriger ist Ihre Pulsfrequenz bei Belastungen. Um im aeroben Ausdauerbereich zu trainieren, muss die Intensität der Belastung niedrig sein.

Das Ermitteln der Pulsfrequenz

Das Zählen der Pulsschläge ist die preiswerteste und einfachste Methode, die Pulsfrequenz zu ermitteln. Dazu brauchen Sie nur eine Uhr mit Sekundenzeiger. Legen Sie Zeige- und Mittelfinger an die Innenseite des Handgelenks oder an die Halsschlagader. Zählen Sie dann 15 Sekunden lang Ihre Pulsschläge und multiplizieren Sie diese Zahl mit vier. Der so errechnete Wert ist Ihre Pulsfrequenz pro Minute.
Komfortabler zum Ermitteln Ihrer Pulswerte ist ein elektronisches Pulsmessgerät. Es wird als Brustgurt getragen, erfasst die Herzreaktionen

Die Pulsfrequenz kann variieren: Je nach Tagesform nach oben oder unten

und gibt sie drahtlos weiter an einen Empfänger, der wie eine Armbanduhr am Handgelenk getragen werden kann. Klarer Vorteil: Sie können jederzeit während des Trainings Ihre Pulsfrequenz ablesen und gegebenenfalls durch Zu- oder Abnahme der Intensität korrigieren. Der Nachteil: Elektronische Messgeräte sind nicht billig. Zur Zeit kosten sie etwa 200 DM

Der Zielpuls

Ihr Zielpuls für eine sinnvolle Belastungsintensität lässt sich mit Hilfe Ihres durchschnittlichen Ruhepulses berechnen. Hier die Formel: Zählen Sie an fünf aufeinander folgenden Tagen jeweils morgens direkt nach dem Aufwachen Ihre Pulsschläge pro Minute und berechnen Sie dann aus diesen fünf meist leicht abweichenden Zahlen einen Mittelwert. Das ist Ihr Ruhepuls.

Nehmen Sie dann die Zahl 220 und ziehen Sie Ihr Alter davon ab, das entspricht Ihrer maximalen Herzfrequenz.

Ziehen Sie davon Ihren Ruhepuls ab und errechnen Sie von dieser Zahl 70 Prozent.

Addieren Sie den Ruhepuls wieder: Das ist Ihr Trainingszielpuls für das Fatburning.

Klingt kompliziert, ist es aber nicht.

Hier noch einmal die Formel:

$$\frac{\textbf{(220 – Alter – Ruhepuls)} \cdot \textbf{70}}{\textbf{100}} + \textbf{Ruhepuls}$$

Als Beispiel: Sie sind 20 Jahre alt und haben einen Ruhepuls von durchschnittlich 60 Schlägen / Minute:

$$\frac{(220 - 20 - 60) \cdot 70}{100} + 60 = 158$$

Um Ihre Fettzellen optimal zu verkleinern, sollten Sie Ihre Ausdauer regelmäßig mindestens 60 Minuten lang mit einem gleich bleibenden Puls von 155 bis 160 Schlägen / Minute trainieren.

KRAFTAUSDAUER-TRAINING

Diese Form des Trainings hebt den Stoffwechsel-Gesamtumsatz an. Ihre Muskulatur verbraucht dann auch im Ruhezustand mehr Energie. Bei regelmäßigem Training werden Sie insgesamt aktiver und leistungsfähiger.

Ihr Grundumsatz steigt und das bedeutet: Bei gleich bleibenden Essgewohnheiten nehmen Sie langsam, aber kontinuierlich ab. Der Grund: Kraftausdauertraining führt zu einer Vermehrung der so genannten Mitochondrien – das sind Bestandteile der Muskelzelle, in denen Depotfett in Energie gespalten wird. Eine Vermehrung der Mitochondrien ist gleichzeitig eine Steigerung des Grundumsatzes.

Auch Kraftausdauertraining wird über eine längere Zeitspanne ausgeführt, es unterscheidet sich aber in der Intensität: Sie muss nicht unbedingt gleichbleibend sein und kann zwischen 60 und kurzfristig 92 Prozent Ihrer maximalen Herzfrequenz liegen.

Kraftausdauersportarten sind alle Sportarten, die auch als aerobes Ausdauertraining ausgeführt werden können: Jogging, Walking, Radfahren, Schwimmen, Ski-Langlauf, Inline-Skating, Low-Impact-Aerobic, Step-Aerobic, Slide-Aerobic, Aqua-Aerobic. Ideales Kraftausdauertraining ist auch High-Impact-Aerobic und Tanzen, ob klassisch oder modern.

Jazztanz fordert nicht nur den Körper, sondern erhöht auch die Koordination und die Konzentrationsfähigkeit

TIPPS FÜR KRAFT UND AUSDAUER

- *Training mit leichten Gewichten* ist hervorragend dazu geeignet, Kraft und Ausdauer zu steigern. Ganz gleich, ob mit Hanteln oder an Trainingsmaschinen.
  Tipp: Wer eine individuelle Betreuung bevorzugt, kann einen persönlichen Trainer mieten.
- *Ein Sportstudio* oder Verein ist gut geeignet, um unter Anleitung abwechslungsreich zu trainieren. Oft wird auch hier mit zusätzlichem Widerstand wie kleinen Hanteln, Gewichtsmanschetten (siehe Abbildung) oder Therabändern gearbeitet.

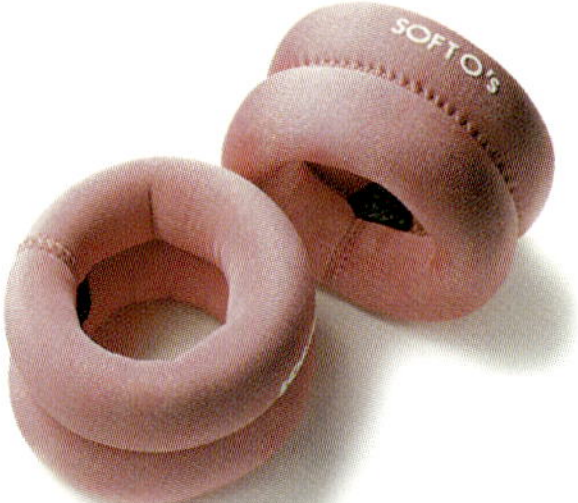

- *Reiten* ist der ideale Sport, um den gesamten Körper und vor allem die Rückenmuskulatur zu kräftigen. Regelmäßig eine Stunde im Sattel bringt jede Menge Ausdauer und macht Spaß.

Krafttraining

Proportionen verbessern, Muskelgruppen aufbauen und Grundumsatz steigern – das sind die Möglichkeiten, die Ihnen gezieltes Krafttraining bietet.

Doch nicht nur das: Krafttraining macht auch einfach Spaß. Während beim Kraftausdauertraining die Muskelgruppen gleichzeitig, lange, aber dafür im Durchschnitt nur bei mittlerer Intensität beansprucht wurden, geht es beim Krafttraining darum, die Muskelgruppen einzeln, kurz, aber dafür sehr intensiv zu fordern. Das wiederum führt dazu, dass die Muskeln gezielt gestärkt werden und die Körperproportionen sich vorteilhaft verändern. Hinzu kommt, dass die gestärkten Muskeln mehr Energie verbrauchen.

Wichtig: Krafttraining kann nur mit zusätzlichem Widerstand ausgeführt werden.

Variieren Sie Ihr Training: Wechseln Sie von den Maschinen auch zu Hanteln

Die Super-Übung für einen schönen Busen

Wählen Sie Hanteln, die so schwer sind, dass Sie zehn Wiederholungen der folgenden Übung gerade noch schaffen:

■ Legen Sie sich auf den Rücken und winkeln Sie die Beine an. Achten Sie darauf, dass Sie Ihren Rücken fest am Boden halten, also kein Hohlkreuz bilden.

■ Nehmen Sie die Gewichte in die Hände und halten Sie Ihre Arme seitlich ausgestreckt in Brusthöhe etwa fünf Zentimeter über dem Boden. Die Handflächen zeigen nach oben zur Decke und die Ellbogengelenke bleiben leicht angewinkelt (siehe Abbildung 1).

■ Heben Sie Ihre Arme in dieser Haltung nach oben, bis sich Ihre Hände fast berühren. Senken Sie die Arme wieder ab, ohne sie am Boden abzulegen (siehe Abbildung 2).

■ Wiederholen Sie den Vorgang zehnmal, ruhen Sie sich kurz aus und versuchen Sie, noch zwei Durchgänge mit je zehn Wiederholungen zu schaffen.

1

2

TIPPS FÜR EIN AUSGEWOGENES TRAINING

- *Ein Trainingsplan* ist wichtig für alle, die im Fitness-Studio oder Verein trainieren. Ein ausgebildeter Trainer wird Sie genau in die korrekte Handhabung der Geräte einweisen und auch auf Ihre Haltung achten.
- *Abwechslung* tut gut. Damit keine Langeweile aufkommt und um neue Reize zu setzen, lassen Sie sich von Zeit zu Zeit einen neuen Trainingsplan aufstellen.
- *Dysbalancen* entstehen immer, wenn zu einseitig trainiert wird. Achten Sie darauf, dass Ihr Training immer ausgewogen bleibt, und zwar auch dann, wenn Sie mal einige Übungen weglassen.

Anpassungs- und Trainingseffekte

Wer einmal die Vorteile regelmäßigen und gezielten Trainings am eigenen Körper gespürt hat, wird es nicht mehr missen mögen.

Die folgende Liste der positiven Effekte lässt sich sogar noch erweitern.

- Regelmäßiges Training verbessert die Flexibilität (Beweglichkeit) des Körpers und steigert die Koordinationsfähigkeit.
- Es führt zu einem Zuwachs an Muskulatur und erhöht die maximale Sauerstoffaufnahme. Damit verbunden ist ein erhöhter Energieumsatz und somit eine gesteigerte Leistungsfähigkeit.

Kein Training ohne Flüssigkeitszufuhr – Wasser schützt von dem Dehydrieren

- Das Immunsystem wird ebenso gestärkt und der Fettstoffwechsel aktiviert.
- Zudem verändert sich der Körper auch äußerlich. Die Muskeln werden fest, das Gewebe strafft sich und die ganze Figur streckt sich.

Um diese positiven Effekte zu erzielen, müssen Sie sich regelmäßig bewegen und möglichst abwechslungsreich trainieren. Das heißt, aerobes Ausdauertraining, Kraftausdauertraining und Krafttraining im Wechsel ergeben die ideale Mischung. Dadurch haben Ihre Muskulatur und Ihr Herz-Kreislaufsystem zwischendurch genügend Ruhephasen, um sich an das Training anzupassen und davon zu profitieren.

Übrigens: Sie erzielen die positiven Auswirkungen am schnellsten, wenn Sie zusätzlich von Zeit zu Zeit neue Reize setzen. Das kann eine neue Sportart sein oder Sie verlängern die Dauer Ihres Ausdauertrainings oder aber Sie arbeiten mit höheren Gewichten beim Krafttraining.

Vor dem Schlafen oder nach dem Aufstehen: Fünf Minuten Bauchtraining täglich führt in Richtung „Waschbrett“

NIE OHNE

Auswirkungen auf den Körper

Jedes Training sollte mit einem Warm-up beginnen. Das Aufwärmen bewirkt, dass

- die Herzfrequenz ansteigt,
- die Muskeldurchblutung verbessert wird,
- die Körpertemperatur ansteigt,
- Kapseln, Bänder und Sehnen auf die Belastung vorbereitet werden,
- das zentrale Nervensystem aktiviert wird.

Auswirkungen auf die Psyche

Lockeres Aufwärmen bereitet Sie auch mental auf das Training vor. Sie befassen sich bewusst mit Ihrem Körper und versetzen sich in die richtige Stimmung für die darauffolgende Bewegung. Aufwärmen ist die Vorfreude auf das anschließende Training.

Dehnen im Warm-up

Ein kurzes Stretching beim Aufwärmen ist sehr sinnvoll. Die Muskulatur wird So sinkt das Risiko für Verspannungen und Verletzungen deutlich.

Warm-up

Ausdauertraining

Bei Ausdauersportarten ist die Muskulatur längeren Belastungen ausgesetzt. Je nach Sportart vorher 5 bis 10 Minuten Lockerungs- und Dehnübungen durchführen. Die ersten Kilometer langsam einradeln, einlaufen oder skaten. Konzentrieren Sie sich bei diesen ersten Distanzen besonders auf korrekte Haltung und Technik.

Kraftausdauertraining

Wärmen Sie sich 5 bis 10 Minuten auf wie beim Ausdauertraining. Konzentrieren Sie sich je nach Sportart auf die Muskulatur, die besonders beansprucht wird. Beim Reiten sollten Sie Ihrem Rücken viel Aufmerksamkeit schenken.

Krafttraining

Bevor Sie das Training beginnen, sollten Sie sich 5 bis 10 Minuten auf dem Fahrradergometer warm radeln oder auf dem Laufband warm laufen. Dann die Muskeln kurz dehnen. Die ersten Wiederholungen jeder Übung mit den Hanteln oder an den Maschinen sollten mit sehr leichten Gewichten ausgeführt

DEHNEN

Warum dehnen?

Ausgiebiges Stretching nach einer Aktivität schützt vor muskulären Verkürzungen. Durch die Belastung kontrahiert die Muskulatur, das heißt, sie zieht sich zusammen. Nach der Belastung geht die Muskulatur fast in ihre ursprüngliche Form zurück. Dehnen bewirkt eine sanfte Verlängerung. Die Muskeln werden wieder lang, schlank und geschmeidig.

Wann dehnen?

Während des Aufwärmens sollten Sie kurz dehnen. Vor allem aber direkt nach einer aktiven Bewegung, wenn die Muskulatur noch nicht abgekühlt ist. Grundsätzlich können Sie auch jederzeit dehnen, ohne ein Training zu absolvieren. Ihre Muskulatur bleibt schön elastisch und Sie bleiben beweglich.

Was dehnen?

Je nach Trainingsart, sollten Sie immer die Muskulatur dehnen, die verstärkt belastet wird. Bei Walking, Jogging oder Ski-Langlauf ist die Beinmuskulatur wichtig. Zusätzlich sind leichte Dehnungen für den Oberkörper angebracht. Beim Inline-Skaten sind vor allem die Bein-Innenseiten wichtig. Wer sportlich mit nach vorne gebeugtem Oberkörper skated, sollte auch Po und Rücken dehnen.

SIE SICH

Wie dehnen?
Stretching sollte so ausgeführt werden, dass Sie – außer beim Dehnen des Rückens – die Wirbelsäule möglichst gerade halten. Die Gelenke sollten locker bleiben. Die optimale Dehnposition ist dann erreicht, wenn Sie ein sanftes Ziehen in der Muskulatur spüren. Dieses Ziehen sollte etwa 10 bis 20 Sekunden gehalten werden.

Wie lange dehnen?
Beim Aufwärmen genügen etwa 5 bis 10 Sekunden pro Muskel. Nach dem Training sollten Sie sich etwas mehr Zeit nehmen. Dehnen Sie jeden beanspruchten Muskel etwa 15 bis 20 Sekunden lang. Noch besser: Ein ausgiebiges Ganzkörper-Stretching. Dehnen Sie Ihre gesamte Körpermuskulatur und halten Sie die Dehnpositionen, so lange es Ihnen angenehm ist.

Wie oft dehnen?
Grundsätzlich vor und nach einer sportlichen Betätigung sollten Sie Ihre Muskulatur dehnen. Stretching hält beziehungsweise verbessert die Beweglichkeit.– Ihre Muskeln bleiben schlank. Zu viel Dehnen kann man nicht, nur zu intensiv. Lassen Sie es niemals schmerzhaft werden.

Geeignete Sportarten

Jede konsequente, regelmäßige sportliche Aktivität kann Ihnen helfen, sich schön, fit und wohl zu fühlen.

Die beste Methode für die optimale Fettverbrennung ist eindeutig das Ausdauertraining – und zwar aerobes Ausdauertraining in der richtigen Zielpulsfrequenz und über einen möglichst langen Zeitraum hinweg. Wenn Sie Körperfett verlieren wollen, müssen Sie aerobes Ausdauertraining in Ihre Lebensgewohnheiten integrieren. Je öfter und je länger Sie durchhalten, umso schneller „verheizen" Sie Ihr Fett. Wählen Sie eine Sportart, die Ihnen Spaß macht. Trainieren Sie mit einem Partner oder in der Gruppe, wenn Sie dadurch motiviert werden.

Walking

Walking ist eine sanfte, aber dennoch äußerst effektive und gesunde Sportart. Dies wird sogar offiziell vom Deutschen Leichtathletik-Verband bestätigt. Walking ist forciertes Gehen und eignet sich besonders als Einstiegssport für Untrainierte und Übergewichtige. Es hat also mit einem gemütlichen Spaziergang wenig zu tun. Durch die gleitenden, rhythmischen Bewegungen des Walkings wird die Elastizität des Körpers gefördert sowie Brust-, Rücken-, Bein- und Gesäßmuskulatur gestärkt.

Walken können Sie praktisch überall, zu jeder Zeit und bei jedem Wetter. Stark befahrene Straßen sollten Sie allerdings wegen der erhöhten Sauerstoffaufnahme meiden. Außerdem ist die Schrittdämpfung auf asphaltierten Wegen ungünstig.

Walking hat gegenüber Jogging den großen Vorteil, dass man gleitet. Man bewegt sich nicht durch viele kleine Sprünge fort und der Körper wird nicht durch den Aufprall der Füße erschüttert. Walking schont daher die Gelenke und trainiert dennoch den ganzen Körper.

TIPPS FÜR DIE AUSRÜSTUNG

- *Die richtigen Schuhe* sind der wichtigste Punkt beim Walking. Die Füße müssen jeden Schritt abfangen und tragen das gesamte Körpergewicht.
- *Atmungsaktive Kleidung* ist sehr sinnvoll. Das spezielle Kunstfasergemisch gibt Schweiß nach außen ab und hält den Körper trocken.
- *Mütze oder Stirnband* sind wichtig bei kälteren Temperaturen. Sie verlieren sonst zu viel Wärme über den Kopf.
- *Auf Straßen* immer helle Kleidung tragen. Bei Dunkelheit empfiehlt sich Bekleidung mit Reflektoren oder eine Leuchtweste.
- *Socken* aus Kunstfasern geben Feuchtigkeit schnell ab und Sie behalten trockene Füße. Damit es keine Blasen gibt, sollten Sie zudem auf eine gute Passform achten.

Walking mit Gewichtsmanschetten an Armen oder Beinen bringt zusätzlich Power.

Damit die Füße beim Joggen richtig aufgesetzt werden, am besten barfuß im Gras üben. Der natürliche Bewegungsablauf ist am günstigsten.

Joggen

Joggen gehört zu den beliebtesten Ausdauersportarten. Neben den positiven Auswirkungen des Trainings auf den Körper sind gerade beim Joggen die psychischen Stabilisierungseffekte sehr hoch. Man kann beim Laufen besonders gut abschalten und dadurch den Alltag für eine Weile hinter sich lassen.

Ein weiterer Punkt, der für das Joggen spricht: Der Aufwand, um es zu betreiben, ist relativ gering. Sie benötigen hierfür neben wetterfester und atmungsaktiver Laufkleidung nur passende Schuhe, die eine gute Dämpfung besitzen sollten. Dadurch schützen Sie Ihre Gelenke, die beim Joggen beansprucht werden. Beginnen Sie mit kleinen Strecken und überfordern Sie sich nicht. Nach und nach können Sie die Distanz steigern und dann wird sich auch die positive Wirkung auf Ihr Allgemeinbefinden einstellen: Joggen macht Sie spürbar ausgeglichener, kleine Ärgernisse lassen sich besser auffangen.

Achtung: Wegen der Gelenkbelastung sollten besonders übergewichtige Menschen warten, bis sich ihr Gewicht ein wenig normalisiert hat, bevor sie mit regelmäßigem Lauftraining starten.

TIPPS FÜR MEHR SPASS BEIM JOGGEN

- *Wärmen Sie sich auf,* traben Sie ganz locker auf der Stelle, lassen Sie Schultern und Arme kreisen. Dehnen Sie kurz Ihre Bein- und Armmuskulatur.
- *Laufen Sie ganz langsam los* und finden Sie Ihren individuellen Laufrhythmus. Wählen Sie eine Strecke, die Sie anspricht. Lassen Sie Ihre Gedanken fliegen und bauen Sie Stress ab, während Sie die Umgebung genießen.
- *Dehnen Sie Ihre Muskulatur* gleich nach dem Laufen. Jetzt ist sie noch warm und gut durchblutet. Die gesamte Beinmuskulatur, Hüftbeuger, Gesäß und Arme sollten ausgiebig gedehnt werden.
- *Die Super-Entspannung* danach: Legen Sie sich in die Badewanne mit einem angenehm duftenden Aromazusatz, genießen Sie Ihre Lieblingsmusik und fühlen Sie sich rundherum wohl.

Aromaöle wirken über den Geruchssinn oder über die Haut

Rad fahren

Rad fahren ist wegen des Materialaufwandes kostspieliger als beispielsweise Walking oder Jogging, aber es ist hervorragend dazu geeignet, die Ausdauer zu trainieren, ohne die Gelenke zu belasten. Es kräftigt unter anderem die Bein-, Bauch-, Po-, Becken- und Fußmuskulatur und es verbessert den Gleichgewichtssinn. Das Angebot an Rädern ist mittlerweile riesig: Sie können wählen zwischen Rennrädern, Treckingrädern, Mountainbikes, City-Bikes und vielen anderen mehr. Wichtig ist auch hier, dass Sie sich von einem Fachmann genau beraten lassen, welches Fahrrad zu Ihnen passt. Sie müssen entscheiden, ob Sie vorwiegend Kilometer auf Asphalt abspulen möchten, lieber querfeldein unterwegs sind oder einen Allrounder bevorzugen, der auf jedem Untergrund gleich gut fährt.

Rad fahren kann sehr oft das Auto ersetzen. Das verbrennt Kalorien und spart Benzin

TIPPS FÜR DEN RICHTIGEN SITZ

- *Die Sattelhöhe* ist wichtig. Im Sattel sitzend stellen Sie Ihren Vorderfuß auf das Pedal, das sich in unterster Position befindet. Das Bein sollte jetzt im Kniegelenk nur leicht gebeugt sein.
- *Die Lenkerhöhe* ist eine Frage des Komforts. Bei Rennrädern oder Mountainbikes ist der Lenker sehr tief. Wer Rückenprobleme hat, sollte den Lenker höher einstellen.
- *Indoor-Cycling* oder Spinning heißt der neueste Trend im Fitness-Studio. Unabhängig vom Wetter können Sie auf speziellen Fahrradergometern in der Gruppe zu Musik radeln. Ausdauer pur, aber Vorsicht: Suchtgefahr!

Eine Sonnenbrille schützt die Augen auch vor Fahrtwind. Spezielle Bike-Tights mit Polster schützen den Po

Schwimmen

Die schonendste Art des Ausdauertrainings ist Schwimmen. Der Auftrieb des Wassers verringert Ihr Körpergewicht auf etwa ein Drittel des Wertes, der normalerweise auf Ihren Gelenken lastet. Der Materialaufwand ist gering und durch den Wasserwiderstand wird die gesamte Skelettmuskulatur gekräftigt. Besonders Ihr Rücken profitiert davon. Schwimmen ist ein Wundermittel gegen Haltungsschäden und Rückenverspannungen. Sie sollten allerdings die richtige Technik beherrschen, vor allem das für die Halswirbelsäule entlastende Rückenschwimmen.

Wer sich für diesen Sport entscheidet, kennt bald die besten Orte und Zeiten, um ihn auszuüben: Im Sommer ist es natürlich herrlich, im Meer, in Seen und Flüssen zu schwimmen. Im Winter bleibt nur der Rückzug in öffentliche Schwimmhallen. Damit Sie auch dort in Ruhe durch das Wasser gleiten können, sollten Sie Ihr Training möglichst auf die frühen Morgenstunden oder auf spät abends verlegen. Dann treffen Sie meist auf Gleichgesinnte.

Nehmen Sie ein paar Trainer-Stunden, damit Sie die richtige Technik erlernen

TIPPS ZUM SCHWIMMEN

- *Eine Schwimmbrille* verhindert, dass Sie rote Augen bekommen. Das Chlor im Wasser von Schwimmbädern reizt die Augen.
- *Eine Schnellschwimmerzone* im Hallenbad ist ideal für Sportschwimmer. Sie können hier in Ruhe Ihre Bahnen ziehen, ohne den nervenaufreibenden Riesenslalom zwischen anderen Badenden.
- *Reichlich Feuchtigkeitslotion* nach dem Duschen auf die Haut auftragen, damit sie nicht austrocknet. Das Chlor ist aggressiv und greift die Haut an.
- *Badesandalen* sind wichtig in öffentlichen Schwimmbädern. Sie verhindern, dass Sie sich mit Fußpilz infizieren, der im feucht-warmen Klima besonders aktiv ist.

Wer im Meer schwimmt, sollte auch die Haare mit einer entsprechenden Kurpackung vor Sonne und Salzwasser schützen

- *Aqua-Aerobic* ist eine gelenkschonende Alternative zum Bahnenschwimmen. Spezielle Geräte wie Hand-Paddles oder Aqua-Steps sorgen für zusätzlichen Widerstand im Wasser (siehe Abbildung unten).

Treppen steigen

Wer einmal in den fünften Stock laufen musste, weil der Lift kaputt war, weiß, wie anstrengend Treppen steigen sein kann.

Um den Treppenaufstieg unter sportlichen Gesichtspunkten zu betreiben, braucht man nicht auf Hausflure auszuweichen, sondern kann im Sportstudio den so genannten „Stepper" benutzen. Das ist ein ideales Trainingsgerät, mit dem Sie Ihre Bein- und Pomuskulatur bei geringer Gelenkbelastung kräftigen können. Die Bewegung des Treppen-Abstiegs entfällt, weil hierbei die Kniegelenke zu sehr belastet werden. Sinnvoll ist also nur das Hinaufgehen und das wird beim Stepper gut trainiert. Eine echte Alternative ist auch die „Rolltreppe" im Studio. Sie simuliert noch exakter den Bewegungsablauf des Hinaufgehens einer Treppe, ist aber gerade beim Einstieg etwas anstrengender als der Stepper.

Wer lieber zu Hause trainieren möchte, kann sich im Fachhandel auch einen Stepper besorgen. Es gibt die Geräte in unterschiedlicher Ausführung, Qualität und Preis.

Damit keine Langeweile aufkommt und Ihre Energie nicht nachlässt, setzen Sie den Walkman auf und steppen Sie im Rhythmus der Musik

Rudern

Richtiges Rudern in speziellen Sportbooten können Sie nur im Verein. Das erschwert zwar den Einstieg, dafür haben Sie sich dann aber auch für eine Sportart entschieden, welche die gesamte Körpermuskulatur kräftigt. Da die Bewegung im Sitzen ausgeführt wird, werden die Gelenke nur gering belastet.

Wer ohne Verein, aber dennoch auf einem See trainieren möchte, kann das auch mit einem normalen Ruderboot. Hierbei wird allerdings nur die Muskulatur des Oberkörpers gekräftigt, da die Beinbewegung entfällt.

Die andere Variante: Mit einem Tretboot kräftig strampeln. Das bringt Power für die Beine, aber die Muskulatur des Oberkörpers geht leer aus.

Eine weitere Möglichkeit: Ein Rudergerät im Fitness-Studio. Es simuliert sowohl die Bein- als auch die Oberkörperaktivität des Sportruderns.

Beim Rudern im Freien gibt's die Sauerstoffdusche gratis

Lassen Sie sich die richtige Technik vorher zeigen

NIE WIEDER

Woher kommt Muskelkater?
Die Wissenschaft hat verschiedene Theorien aufgestellt und wieder verworfen. Mittlerweile geht man davon aus, dass Muskelkater durch kleinste Verletzungen in den Muskelfasern ausgelöst wird, die durch zu intensive Beanspruchung der entsprechenden Muskeln entstehen.

Gehen Sie langsam an den Start!
Sobald der Entschluss gefasst ist, sich mehr Zeit für Fitness und Bewegung zu nehmen, ist man in der Regel hochmotiviert, diesen Entschluss auch in die Tat umzusetzen. Aber bei aller Motivation: Lassen Sie es langsam angehen! Gewöhnen Sie Ihren Körper nach und nach an die ungewohnte Aktivität. Von Null auf Hundert nimmt Ihre Muskulatur bestimmt übel. Auch nach längeren Trainingspausen sollten Sie zunächst wieder sanft einsteigen.

Eine neue Sportart weckt Ihr Interesse?
Prima, denn Abwechslung tut gut und macht Spaß. Gewöhnen Sie Ihre Muskulatur auch hier langsam an die neue Belastung. Jede Aktivität beansprucht Ihre Muskulatur auf unterschiedliche Weise. Auch ein Profi auf Inline-Skates wird keinen Marathon laufen, wenn er das erste Mal die Laufschuhe schnürt.

Achten Sie auf Körpersignale!
Nicht nur die Stimmung unterliegt Schwankungen, auch unser Körper hat eine ganz bestimmte Tagesform. Deshalb unbedingt auf Signale, die der Körper aussendet, achten. Bei Schmerzen oder Unwohlsein sollten Sie das Training abbrechen.

Erholung für die Muskeln!
Planen Sie Ihr Training so, dass Sie nicht an zwei oder drei aufeinander folgenden Tagen die gleichen Muskeln strapazieren. Sie brauchen Zeit, um sich zu regenerieren. Je mehr sie beansprucht wurden, umso länger ist die Erholungsphase. Nehmen Sie deshalb in Ihr Trainingsprogramm auch gezielt Ruhetage auf.

Ein heißes Bad
Die wohltuende Wärme des Wassers hilft Verspannungen zu vermeiden oder zu

MUSKELKATER

lösen. Besonders angenehm ist ein Bad in Verbindung mit entspannenden Badezusätzen wie Melisse, Lavendel oder Heublumen. Versuchen Sie, für eine kleine Weile einfach abzuschalten.

Sauna/Dampfbad

Schwitzen Sie Verspannungen einfach weg. Ein ausgiebiger Saunabesuch wirkt Wunder gegen schmerzende Muskeln. Zudem ist er pures Verwöhnprogramm für die Haut. Wer trockene Hitze nicht gut verträgt, erzielt diese positive Wirkung auch im Dampfbad.

Massagen

Lassen Sie sich verwöhnen und machen Sie es den Profis nach. Gönnen Sie sich eine sanfte Entspannungsmassage. Ihre Muskulatur wird sanft geknetet und gelockert und dazu gibt es noch Streicheleinheiten.

Solarium

Wenn die natürliche Sonne nicht scheint, finden Sie bei einem Solarium-Besuch herrliche Entspannung. Die Wärme tut gut und man kommt dabei ein wenig ins Träumen. Leicht gebräunte Haut macht außerdem schön und hebt die Stimmung. Allerdings gilt hier nach wie vor die Warnung: Egal, ob Sie natürliche oder die Solarien-Sonne bevorzugen, lassen Sie sich auf jeden Fall nur leicht bräunen, alles andere schadet Ihrer Haut!

Ätherische Öle

Tragen Sie nach dem Duschen oder Baden eine Mischung aus Sesam- oder Weizenkeimöl, Olivenöl, Distelöl und einigen Tropfen ätherischem Öl (Rosen-, Kamille- oder Lavendelöl) auf die Haut auf. Massieren Sie das Öl sanft ein. Es entspannt und die Haut wird samtweich.

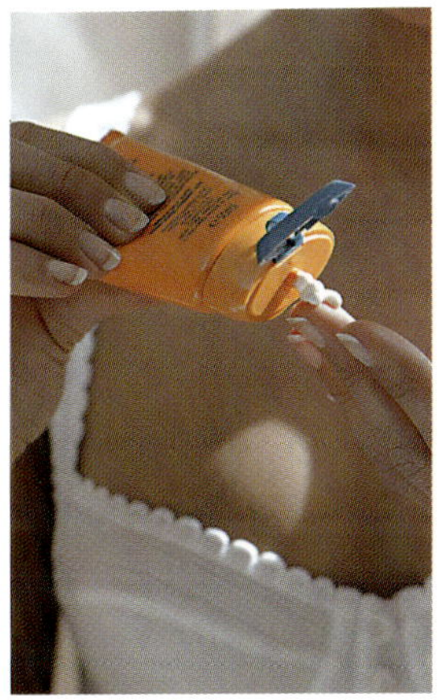

ABNEHMEN IST NICHT ALLES

SO BLEIBEN SIE SCHLANK
ERNÄHRUNG UND BEWEGUNG
DIE BALANCE HALTEN

Ein gesundes Gleichgewicht

„Das Leben besteht in der Bewegung", dieser Satz des Aristoteles ist bis heute unverändert gültig.

Mittlerweile ist eine Vielzahl von Fortbewegungsmitteln erfunden worden, die uns ohne große Mühe und in kürzester Zeit zum Ziel bringen. Um den Körper – aber auch die Seele und den Geist – gesund und leistungsfähig zu erhalten, sollte jeder von uns sich jedoch so oft wie möglich aktiv bewegen (und zum Beispiel mal das Auto zugunsten des Fahrrads stehen lassen). Daneben ist die ausgewogene Ernährung ein wichtiger Grundpfeiler Ihres Wohlbefindens und Ihrer Gesundheit. Finden Sie die richtge Mischung aus gesunder Ernährung und aktiver Bewegung – und Sie müssen sich um Ihre Figur und um Ihr Körpergewicht keine Gedanken mehr machen.

TIPPS FÜR FORTGESCHRITTENE

- **Von Montag bis Freitag nur Termine?** *Ein Obsttag* **kann helfen, die Balance zu halten, wenn Sie einmal keine Zeit für Sport haben.**
- Eine Einladung zum Essen folgt der nächsten? *Eine ausgiebige Wanderung* am Wochenende bringt Sie wieder ins Gleichgewicht und versorgt Sie mit viel frischer Luft.
- **Weihnachtsplätzchen, Osterfladen und Faschingskrapfen schmecken besonders gut. Ein** *Reistag* **und viel zusätzliche Bewegung sorgen für den richtigen Ausgleich.**

Nicht mehr nachdenken über Kilogramm, Kalorien und Kurzatmigkeit: Ein absolut befreiendes Gefühl

Fitness-Checkliste

■ Auch die Fettverteilung innerhalb des Körpers spielt eine Rolle – das Waist-to-Hip-Ratio (WHR). Frauen finden ihre Fettdepots meist an Hüfte und Oberschenkel („Birnen-Typ"). Gefährlicher für die Gesundheit sind die Fettdepots rund um den Bauch („Apfel-Typ"). Berechnen Sie Ihr Risiko:

$$\text{Waist-to-Hip-Ratio (WHR)} = \frac{\text{Taillenumfang}}{\text{Hüftumfang}}$$

- □ Ihr errechneter WHR ist kleiner als 0,8.
- ▽ Ihr errechneter WHR liegt zwischen 0,8 und 0,85.
- ○ Ihr errechneter WHR ist größer als 0,85

■ Kneifen Sie mit den Fingern die Haut an den Oberschenkeln zusammen:

- □ Die Dellen verschwinden sofort wieder, wenn Sie loslassen.
- ▽ Die Dellen verschwinden ganz langsam innerhalb einiger Sekunden, nachdem Sie losgelassen haben.
- ○ Auch ohne zu kneifen sind deutliche Dellen auf der Haut sichtbar.

■ Machen Sie Kniebeugen. Wie viele Wiederholungen schaffen Sie am Stück? Achten Sie dabei aber auf korrekte Ausführung, also das Gewicht auf die Fersen verlagern und den Rücken gerade halten.

- □ 20 und mehr
- ▽ 10 bis 20
- ○ keine 10

■ Sie sind spät dran und müssen 200 Meter laufen, um Ihren Bus zu bekommen. Sie schaffen das

- □ locker, ohne große Anstrengung
- ▽ knapp und völlig außer Puste
- ○ gar nicht, weil Sie es nicht erst versuchen, sondern gleich auf den nächsten Bus warten.

■ Wieviele Mahlzeiten nehmen Sie normalerweise pro Tag zu sich?

- □ 4 bis 5 kleinere Mahlzeiten
- ▽ 3 große Mahlzeiten
- ○ 1 größere Mahlzeit; dazu kommt ständiges Naschen von allem, was sich gerade anbietet

- Wie oft essen Sie Junk-Food?
  - □ Ganz selten
  - ▽ 1-mal pro Woche
  - ○ 14- bis 5-mal pro Woche

- Essen Sie Vollkornprodukte, z. B. Vollkornbrot oder -nudeln?
  - □ Regelmäßig
  - ▽ Selten
  - ○ Nie

Wie fit sind Sie?

Welche Antworten haben Sie am häufigsten angekreuzt: □, ▽ oder ○? Lesen Sie unter Ihrem Symbol nach, wie fit Sie sind:

□ Prima, Sie sind ziemlich fit. Achten Sie trotzdem darauf, dass Sie genügend Nährstoffe und Vitamine zu sich nehmen. Auch wenn Sie sich viel und regelmäßig bewegen, sollten Sie sich Abwechslung gönnen. Probieren Sie doch mal eine neue Sportart aus.

▽ Ganz gut soweit, aber in Bestform sind Sie nicht. Achten Sie mehr auf Ihre Ernährung. Frisches Obst, Gemüse und Vollkornprodukte sollten Sie täglich verzehren. Wechseln Sie über zu fettarmen Produkten, wenn Sie es nicht bereits getan haben. Wenn Sport bis jetzt nur lästiges Pflichtprogramm war, um das schlechte Gewissen zu beruhigen, haben Sie vielleicht einfach nur die falsche Sportart für sich ausgwählt. Blättern Sie zurück und finden Sie eine Aktivität, die Sie wirklich anspricht und Ihnen Spaß machen könnte. Etwas Neues zu erlernen ist immer wieder eine schöne Herausforderung.

○ Bewegung gehört nicht gerade zu Ihren Lieblingsaktivitäten und auch Ihre Ernährung ist vermutlich ziemlich unausgewogen. Am besten schreiben Sie einmal eine Woche lang auf, was Sie an Nahrungsmitteln zu sich nehmen. Vergleichen Sie dann Ihre Liste mit unseren Vorschlägen für eine ausgewogene Ernährung. Streichen Sie nun auf Ihrer Liste alles, was zu viel Fett und Zucker enthält und ersetzen Sie es durch nährstoff- und vitaminreiche, fettarme Nahrungsmittel. Planen Sie ab sofort täglich eine Stunde Zeit ein, in der Sie sich aktiv bewegen. Vielleicht schließen Sie sich einer Gruppe oder einem Verein an. Das erleichtert den Einstieg und dient als zusätzliche Motivation.

WOHL FÜHLEN UND

Kein Kalorienzählen mehr! Ausgewogene, fettarme Ernährung erspart das lästige Kalorienzählen. Wenn Sie Ihr Bewegungsprogramm entsprechend anpassen, dürfen Sie auch ein großes Stück Sahnetorte bewusst genießen, ohne an die Folgen zu denken. Sie werden ein Gespür dafür entwickeln, Ihre individuelle Balance zu halten, und das, ohne ständig Energiewert und Kalorienverbrauch zu berechnen.

Nie mehr Gewichtsprobleme! Zunehmen, abnehmen, noch mehr zunehmen. Damit ist jetzt Schluss! Sie werden Ihr individuelles Wohlfühlgewicht ohne großen Aufwand halten. Kleine Schwankungen werden Sie mühelos ausgleichen, beispielsweise mit einem Obsttag oder einer Extra-Einheit Ausdauertraining.

Vital & aktiv bis ins hohe Alter! Eine ausgewogene Ernährung und regelmäßige Bewegung halten Sie fit bis ins hohe Alter. Je früher Sie beginnen, nach diesem Prinzip zu leben, umso leichter werden Sie es umsetzen. So werden Sie lange Freude an Ihrem Körper haben.

Risikofaktoren werden gesenkt! Schenken Sie sich und Ihrem Körper eine große Portion Gesundheit. Arterienverkalkung, Diabetes, Herzinfarkt und Schlaganfall sind nur einige Risiken, die Sie deutlich senken. Ihrer Gesundheit zuliebe und weil Sie es sich wert sind.

SCHLANK BLEIBEN

Gesunde Verdauung! Ihre Verdauung wird auf natürliche Weise durch die ausgewogene Ernährung geregelt. Die Bewegung regt die Darmfunktion zusätzlich an. Keine Verstopfung, kein Durchfall, keine Blähungen und kein Sodbrennen mehr. Das macht das Leben leichter.

Gesunder Schlaf! Die Verdauungsorgane funktionieren bestens. Nichts liegt mehr schwer im Magen und verhindert das Einschlafen. Aktive Bewegung bringt angenehme Müdigkeit und süße Träume.

Schöne Haare, Haut, Nägel und Zähne! Ausgewogene Ernährung verhindert Vitamin- und Mineralstoffmangel. Gesunde Zähne, kräftige Haare und Nägel sowie schöne Haut sind die natürlichen Folgen davon. Durch Sport werden die Gefäße verstärkt durchblutet und das macht schön.

Mehr Selbstbewusstsein! Gesundheit und Fitness machen nicht nur attraktiver – wer sich schön fühlt, hat auch wesentlich mehr Selbstbewusstsein. Das stärkt Ihre Ausstrahlung und Sie werden begehrenswerter für sich und andere. Der positive Kreislauf des Wohlfühlens hat begonnen.

Gute Laune! Wer morgens herrlich ausgeschlafen ist und sich in seinem Körper wohl fühlt, begegnet sich beim ersten Blick in den Spiegel bereits mit einem Lächeln. Ein schönes Geschenk für Sie selbst, geben Sie es weiter. Verschenken Sie ein Lächeln und stecken Sie Ihre Mitmenschen an mit Ihrer guten Laune.

Bessere Stressbewältigung! So schnell kann Sie nichts mehr aus der Ruhe bringen. Die äußere Balance von ausgewogener Ernährung und Bewegung führt zu dem guten Gefühl des inneren Gleichgewichts. So sind Sie ausgeglichener und können mit Belastungen besser umgehen. Außerdem: Wer sich beim Sport so richtig auspowert, baut dabei jede Menge Stress ab.

Leistungsfähiger im Job! Ob Management oder Haushalt und Kindererziehung. Im Alltag werden Höchstleistungen von Ihnen gefordert. Wer im Gleichgewicht lebt, hat ein stärkeres Selbstbewusstsein und erkennt seine Grenzen besser. Sie werden in die Lage versetzt, Ihre Aufgaben leichter zu bewältigen.

REGISTER